Les Dinosaures

Conception graphique : Killiwatch
Réalisation graphique : Valérie Klein (Domino)
Couverture : Laurent Quellet
Contribution rédactionnelle et index : Véronique Danis

Direction éditoriale : Christophe Savouré
Édition : Françoise Ancey
Direction artistique : Danielle Capellazzi et Armelle Riva
Fabrication : Annie-Laurie Clément

Un grand merci à Charlotte Le Tarnec et Maud Djendoyan pour leur aide.

15/27, rue Moussorgski
75895 Paris Cedex 18
1ère édition octobre 2002

Édition brochée n° M 09107
ISBN : 978 2 215 05581 5
2ème édition

Photogravure : IGS Charente Photogravure
Achevé d'imprimer en Chine sur les presses de Book Partners China Ltd en juillet 2009.
Loi n° 49-956 du 16 juillet 1949 pour les publications destinées à la jeunesse.

ENCYCLOPÉDIE junior

Les Dinosaures

CHRISTEL SOUILLAT & JEAN LE LŒUFF

FLEURUS
editionsfleurus.com

Sommaire

Le Crétacé supérieur

La fin des dinosaures

Les premiers âges de la Terre

La Terre s'est formée il y a 4,5 milliards d'années, en même temps que les autres planètes de notre système solaire. Elle ressemblait alors à une énorme boule de gaz et de poussières en fusion tournoyant sur elle-même. Une série de réactions chimiques compliquées ont entraîné peu à peu la solidification de cette boule de gaz. La Terre était née, mais elle n'était pas encore l'accueillante planète que nous connaissons : des gaz toxiques constituaient l'atmosphère, et la température au sol atteignait... plusieurs centaines de degrés ! Toute vie était alors impossible, mais les composants chimiques de la vie étaient en train de se constituer lentement.

Le temps passe...

L'Univers serait né il y a 12 milliards d'années. Notre planète Terre atteindrait les 4,5 milliards d'années. La première forme de vie serait apparue il y a 3,5 milliards d'années. L'homme est, en comparaison, extrêmement jeune : 200 000 ans seulement !

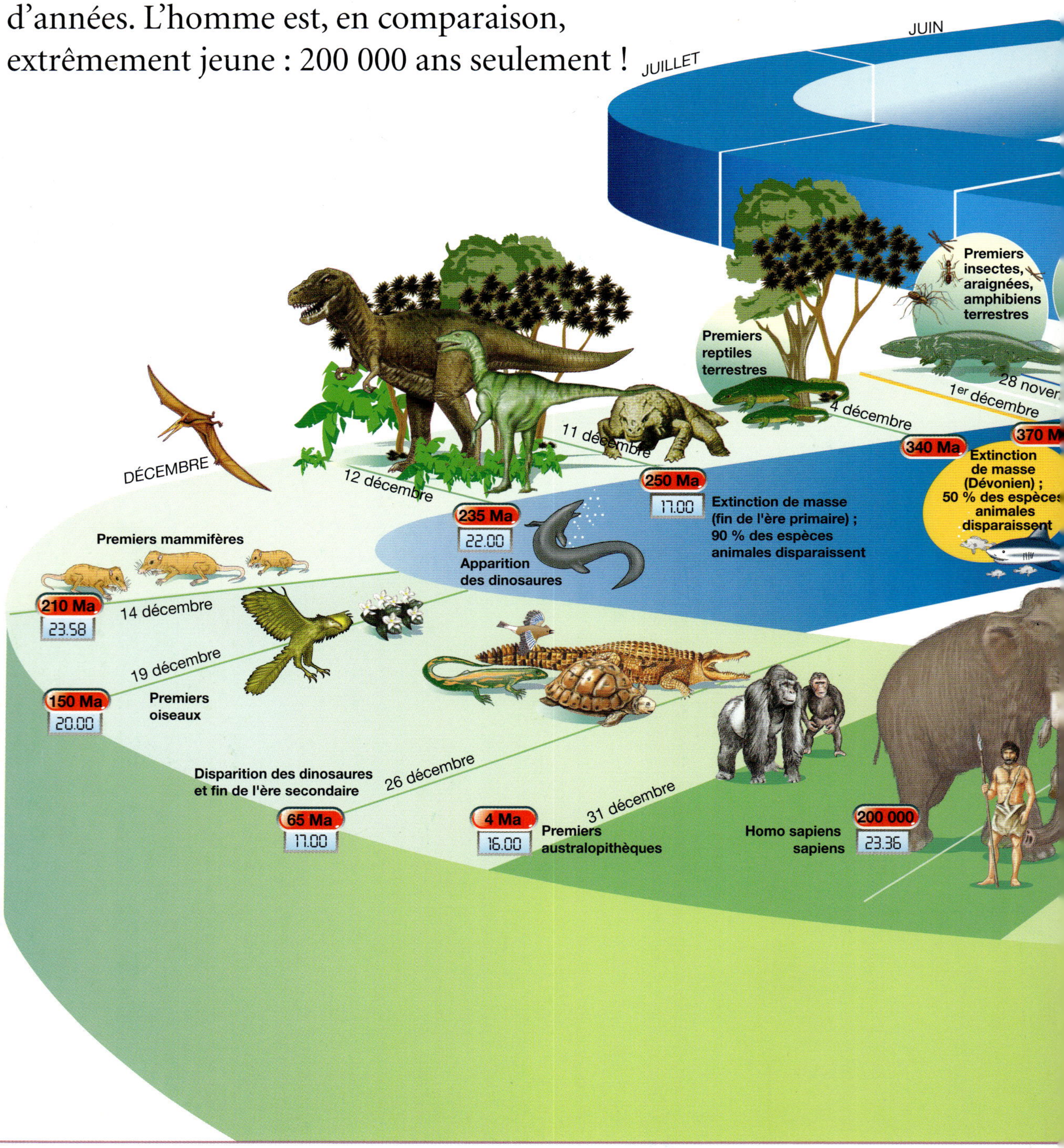

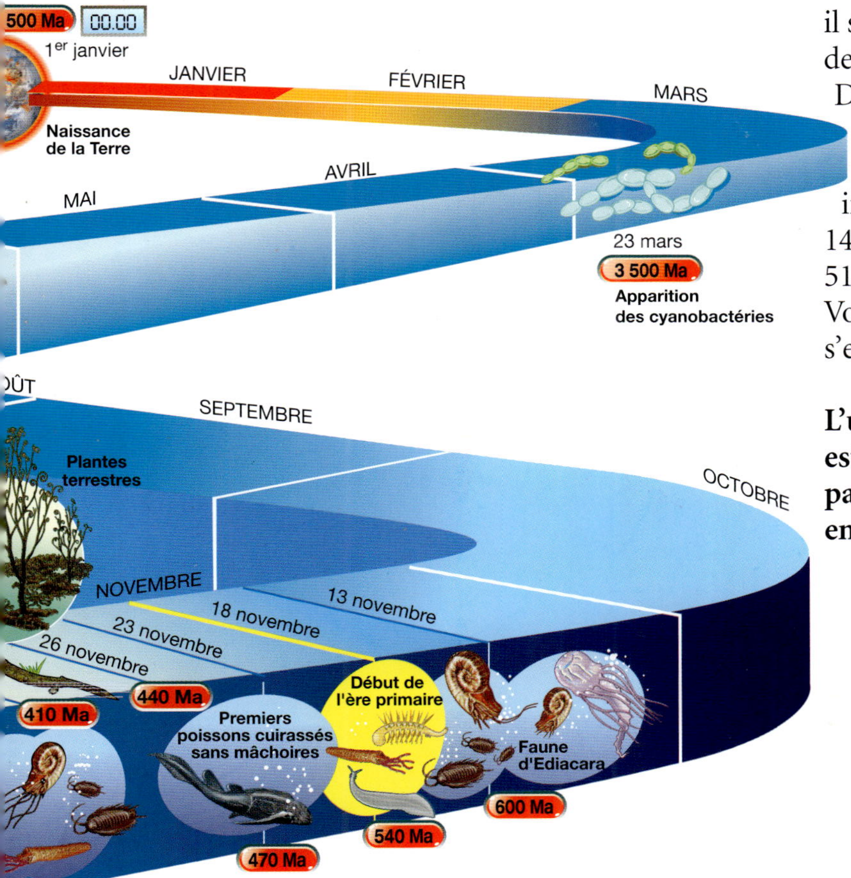

Pour mieux comprendre l'immensité des temps géologiques, il suffit de rapporter toute l'histoire de la Terre sur une seule année. Dans cette échelle, 7 008 secondes (1 heure 56 minutes 48 secondes) représentent 1 million d'années ; inversement, 1 seconde représente 142 ans ; 1 minute 8 561 ans ; 1 heure 513 698 ans ; 1 jour 12 328 767 ans. Voici donc comment les événements s'enchaîneraient.

L'unité de temps en paléontologie est le million d'années. Dans cette page, million d'années a été abrégé en Ma.

Le temps est compté !

Les géologues ont découpé la très longue histoire de la Terre en ères : primaire (570 à 250 Ma), secondaire (250 à 65 Ma), tertiaire (65 à 2 Ma) et quaternaire (entre 2 Ma et aujourd'hui). Chacune de ces ères est subdivisée en périodes. Ainsi l'ère secondaire comprend le Trias (250-205 Ma), le Jurassique (205-135 Ma) et le Crétacé (135-65 Ma).

Quaternaire	10 000 ans	HOLOCÈNE
	2 Ma	PLÉISTOCÈNE
Cénozoïque (Tertiaire)	5 Ma	PLIOCÈNE
	23 Ma	MIOCÈNE
	33 Ma	OLIGOCÈNE
	55 Ma	ÉOCÈNE
	65 Ma	PALÉOCÈNE
Mésozoïque (Secondaire)	135 Ma	CRÉTACÉ
	205 Ma	JURASSIQUE
	250 Ma	TRIAS
Paléozoïque (Primaire)	290 Ma	PERMIEN
	360 Ma	CARBONIFÈRE
	410 Ma	DÉVONIEN
	440 Ma	SILURIEN
	505 Ma	ORDOVICIEN
	540 Ma	CAMBRIEN
Précambrien	4 500 Ma	

Des continents qui bougent

Depuis plusieurs milliards d'années, des océans naissent, grandissent et disparaissent, entraînant les continents dans de très lents déplacements. Ainsi la géographie du monde a beaucoup changé. Et cela continue !

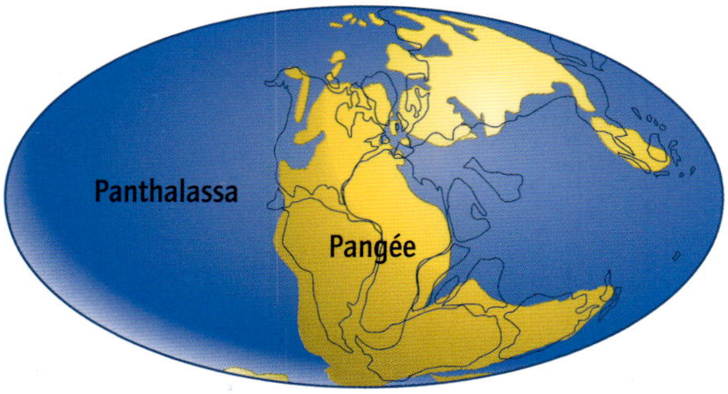

Le Trias

Au début de l'ère secondaire, il y a 250 millions d'années, les terres ne formaient qu'un immense continent : la Pangée ("toute la Terre" en grec). L'océan Panthalassa recouvrait le reste du globe. Les animaux terrestres parcouraient ces territoires infinis qui ne constituaient qu'une seule masse. C'est pour cette raison que l'on découvre dans les roches de cette époque les mêmes espèces dans des régions aujourd'hui très éloignées les unes des autres.

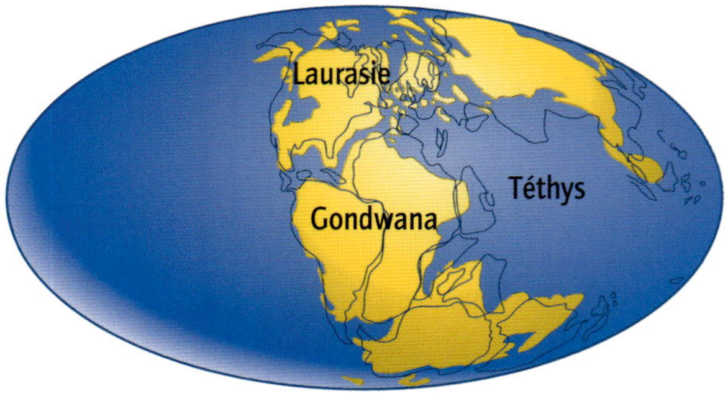

Le Jurassique

Il y a environ 150 millions d'années, le supercontinent, la Pangée, se scindait en deux, donnant naissance à la Laurasie au nord et au Gondwana au sud. De nouveaux océans s'ouvraient : l'Atlantique central séparait l'Afrique de l'Amérique du Nord et la Téthys éloignait l'Afrique et l'Inde de l'Eurasie.

Le Crétacé inférieur

Il y a 135 millions d'années, les continents continuaient de s'écarter et des océans se formaient à leur tour dans l'hémisphère Sud. Les mêmes espèces de dinosaures se retrouvaient en Europe et en Amérique du Nord. À la fin du Crétacé inférieur (il y a 100 millions d'années environ), l'Atlantique sud et nord apparurent, écartant l'Afrique de l'Amérique du Sud et l'Europe de l'Amérique du Nord. Ces continents séparés, on n'y retrouva plus alors les mêmes familles de dinosaures.

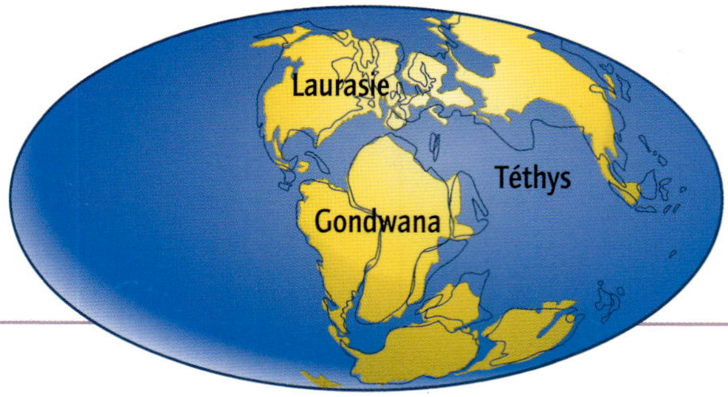

Le Crétacé supérieur

La géographie de cette époque est morcelée en une multitude de grandes îles. L'Europe était un archipel, l'Afrique et l'Amérique du Nord étaient chacune divisées en deux grandes îles. L'Inde dérivait au travers de la Téthys et mit 80 millions d'années avant de rejoindre l'Asie. Les espèces de dinosaures se singularisèrent alors sur chaque île.

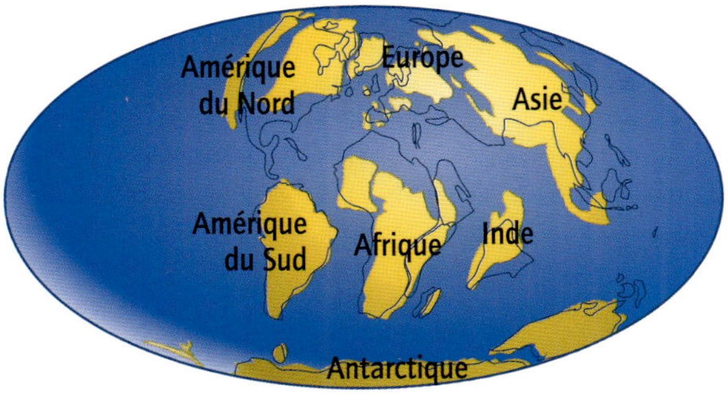

Hier et aujourd'hui

À la fin du Crétacé et au début du Tertiaire, la Téthys s'est fermée peu à peu, jusqu'à ce que les continents du Sud heurtent les continents du Nord. Cette collision gigantesque a donné naissance aux plus hautes chaînes de montagnes du monde : l'Himalaya, à l'endroit où l'Inde a percuté l'Asie ; les Alpes et les Pyrénées plus à l'ouest, au point d'impact entre l'Afrique et l'Europe.

Et ces montagnes, toujours en mouvement, poursuivront encore leur évolution dans les prochains millions d'années…

Et après-demain ?

L'Atlantique devrait continuer à grandir, tandis qu'un nouvel océan pourrait s'ouvrir en Afrique, dans la célèbre vallée du Rift. L'Afrique orientale se séparera du reste du continent et s'en ira vers l'est… L'Australie se rapprochera de l'Indonésie. Enfin, la poursuite du mouvement vers le nord du continent africain devrait provoquer la fermeture de la Méditerranée, remplacée par une grande chaîne de montagne.

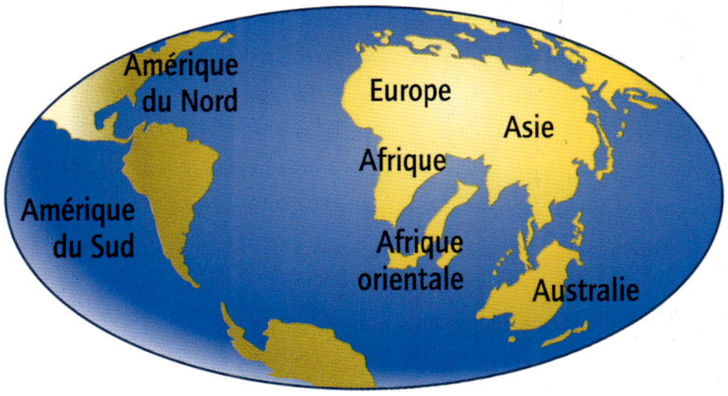

Une bougeotte infinie !

Grâce aux satellites, on peut mesurer très précisément la vitesse à laquelle se déplacent les continents. Un océan comme l'Atlantique s'élargit de 2 cm par an seulement. Croissance dérisoire… Dans 100 ans, New York ne se sera éloigné de Paris que de 2 m de plus ! Mais dans 20 millions d'années, ce mouvement très lent aura eu des conséquences non négligeables : 400 km de plus entre l'Europe et l'Amérique du Nord ! Les compagnies aériennes devront revoir leurs tarifs !

L'apparition de la vie

La vie est apparue sur Terre quelques centaines de millions d'années "seulement" après sa formation. Les conditions sur notre planète étaient alors extrêmement rudes : des océans acides et chauds, et une atmosphère composée de gaz carbonique et de vapeur d'eau.

Ces stromatolithes sont visibles dans la Baie des Requins (côte ouest de l'Australie).

La mer, source de vie

Les chercheurs pensent que les premières cellules vivantes sont nées il y a plus de 4 milliards d'années… au fond des océans. C'est dans un milieu fort inhospitalier – sources chaudes situées sur les flancs des volcans sous-marins – que la "cuisine chimique" se serait produite entraînant l'apparition de la vie. Les toutes premières cellules vivantes auraient donc consommé… le soufre du sulfure d'hydrogène !

Vieux fossiles

Les plus vieux fossiles connus sont âgés de 3,5 milliards d'années : les stromatolithes. Ces sortes de colonnes sont constituées d'un empilement de minces feuillets de calcaire. Pendant longtemps, les paléontologues se sont interrogés sur l'origine de ces stromatolithes. Certains considéraient qu'ils ne représentaient pas des restes d'organismes vivants, mais simplement des roches d'un type particulier. D'autres, au contraire, estimaient qu'ils étaient bien des fossiles.

On a obtenu la réponse seulement dans les années 1940, lorsque l'on a découvert à Warrawoona, en Australie… des stromatolithes vivants !

Ces colonnes sont bel et bien fabriquées par des organismes vivants microscopiques et très primitifs : des cyanobactéries. Celles-ci existaient donc déjà il y a 3,5 milliards d'années.

Coupe de stromatolithe provenant du Crétacé supérieur, Bolivie.

Le Précambrien : un monde de bactéries

Pendant près de 3 milliards d'années, ces cyanobactéries ont été les seules formes de vie sur Terre. Les continents étaient complètement déserts, sans plantes ni animaux ! Dans les océans évoluaient ces organismes microscopiques, dont certains construisaient des stromatolithes sur les rivages. Les paléontologues pensent que les cyanobactéries ont joué un rôle essentiel pour la suite des événements, en “fabriquant” l'atmosphère. Ces organismes produisent en effet de l'oxygène : au fil de millions, de dizaines de millions, de centaines de millions d'années, ils en ont créé suffisamment pour que l'atmosphère devienne “respirable”… pour les futurs animaux et plantes terrestres.

De la cyanobactérie à l'homme

Aujourd'hui sur Terre, le monde vivant est d'une extraordinaire variété : les baleines et les bananiers, les huîtres et les virus, les cyanobactéries et les chats, les hommes et les araignées, les géraniums et les rhinocéros, les escargots et les cèpes sont tous des êtres vivants. Sais-tu qu'il en existe actuellement plus de 10 millions d'espèces différentes ?! Et ces 10 millions ne représentent qu'une infime partie des espèces qui ont vécu sur notre planète depuis 3,5 milliards d'années. On estime en effet que 99 % d'entre elles ont disparu. Si variées soient-elles, ces formes de vie ont pourtant la même origine : une simple cellule microscopique âgée de 4 milliards d'années. C'est notre ancêtre à tous ! Comment peut-on passer d'une simple cellule à un homme, à un baobab ou à une araignée ? Grâce au processus de l'évolution… *(voir page 15)*.

Les premiers animaux

Après 3 milliards d'années de vie solitaire, certaines cellules se sont "associées" pour ne former qu'un seul et même être vivant : les premiers animaux étaient nés.

Définition

Les scientifiques appellent "animal" un être vivant composé de nombreuses cellules, et qui n'est ni une plante ni un champignon. Les cyanobactéries ne sont donc pas des animaux. Les plus anciens d'entre eux, les méduses, sont âgés de 600 millions d'années environ. On a retrouvé les fossiles de ces "corps mous" à Ediacara, en Australie. Ensuite, tout va "très vite" : en moins de 50 millions d'années, la plupart des grands groupes d'animaux apparaissaient. Ainsi les ancêtres des coquillages, des insectes, des crustacés, des vers ou des vertébrés existaient déjà il y a 520 millions d'années.

L'explosion de la vie

Au début de l'ère primaire (540 millions d'années), des milliers d'espèces sont apparues dans les océans. Certaines d'entre elles, assez incroyables, ont disparu sans descendance avant la fin du Cambrien (500 millions d'années). Au début du XXe siècle, des paléontologues ont découvert au Canada, dans des roches vieilles de 520 millions d'années (schistes de Burgess), les fossiles d'étranges organismes. *Opabinia*, par exemple, possédait cinq yeux et une trompe ! Un autre habitant de ces mers était tellement bizarre que ses découvreurs l'ont appelé *Hallucigenia* !

1. *Opabinia*
2. *Hallucigenia*
3. *Wiwaxia*
4. *Anomalocaris*
5. *Pikaia*
6. *Sidneya*

Hallucinante, en effet, cette créature en forme de ver pourvue de deux rangées d'épines sur le dos et de tentacules sur le ventre ! Un modeste animal long d'à peine 5 cm a retenu l'attention des paléontologues qui étudient les animaux de Burgess : *Pikaia* serait le plus ancien vertébré… et donc notre lointain ancêtre !

Aqua-terreur

Il y a 400 millions d'années, les orthocères, lointains aïeux de nos calamars, étaient les principaux prédateurs. Redoutables carnivores pouvant atteindre plusieurs mètres de long, ils vivaient dans une carapace conique dont dépassaient des tentacules. Parmi les autres créatures abondantes figuraient les trilobites, des cousins éloignés… des insectes ! Il y a 360 millions d'années, les premiers requins mesuraient 2 m de long… mais la terreur des océans était un étrange poisson cuirassé, *Dunkleosteus*, qui, lui, atteignait 5 m de long !

Charles Darwin et l'évolution de la vie

Pendant longtemps, les hommes ignoraient que le monde vivant évoluait. Beaucoup imaginaient qu'un dieu l'avait créé tel quel. Ce ne fut qu'en 1859 que le grand savant anglais, Charles Darwin, démontra la réalité de l'évolution. Dans son ouvrage *De l'origine des espèces au moyen de la sélection naturelle ou la lutte pour l'existence de la nature*, il expliqua les mécanismes de l'évolution : lorsque l'environnement change, seuls certains animaux survivent. Si le climat se refroidit par exemple, les animaux à fourrure épaisse s'adaptent mieux que ceux à fourrure mince. Au sein d'une même espèce, les animaux plus velus résisteront donc mieux que les autres. Leurs descendants seront aussi plus poilus. Si le refroidissement s'intensifie, seuls les plus poilus de leurs descendants survivront. C'est ainsi qu'en quelques milliers d'années, l'évolution transformera un animal qui ressemblait au départ à un éléphant en un mammouth !
Si la science de l'évolution a beaucoup progressé depuis 1859, tous les scientifiques considèrent que Darwin avait raison : la sélection naturelle a été le moteur de cette incroyable évolution.

Quand les animaux sortent des eaux

Après 4 milliards d'années passées dans la mer, les êtres vivants commencèrent la conquête des continents. C'était il y a environ 440 millions d'années… Les premières à sortir des eaux furent les plantes, suivies des insectes, des araignées…

Tout pousse !

Les premières plantes terrestres n'ont pas grand-chose en commun avec celles de nos jardins ; elles ne possédaient ni feuilles, ni fleurs, ni racines ! Elles se contentaient de petites tiges vertes de plusieurs centimètres de haut. En quelques dizaines de millions d'années, leurs descendantes "inventaient" feuilles et racines, mais il fallut patienter plus de 300 millions d'années pour voir… les premières fleurs éclore. Au Carbonifère, il y a 350 millions d'années, d'immenses forêts se sont développées ; des arbres de plusieurs dizaines de mètres se sont dressés, au pied desquels poussaient fougères et prêles.

Cafardeux !

L'apparition de ce nouveau "garde-manger" permit aux premiers animaux de s'aventurer à leur tour hors de l'eau. Les premiers insectes terrestres se mirent à consommer ces plantes et, en l'absence d'autres concurrents, certaines espèces végétariennes devinrent immenses. Ce développement d'animaux herbivores entraîna l'apparition de prédateurs (scorpions, araignées, insectes), qui évoluèrent eux aussi vers le gigantisme : les blattes ou les libellules pouvaient atteindre 80 cm, les mille-pattes plus de 2 m !

Faites place !

L'âge d'or des insectes, des araignées et des scorpions fut de courte durée. Il y a environ 370 millions d'années, les vertébrés (animaux constitués d'une colonne vertébrale) sortirent de l'eau à leur tour. Descendants de gros poissons, les premiers amphibiens étaient de lourds animaux non plus à nageoires, mais à quatre pattes. Ils devaient, comme leurs descendants d'aujourd'hui, pondre leurs œufs dans des rivières, des lacs ou des mares dont ils ne s'éloignaient guère. Ils concurrencèrent directement les invertébrés (ici les insectes) et les détrônèrent de leur piédestal. Les plus grands prédateurs étaient désormais les amphibiens qui passaient l'essentiel de leur temps à chasser poissons et invertébrés dans les cours d'eau. Au Carbonifère, les amphibiens se multiplièrent et se diversifièrent. Certains s'adaptèrent à un mode de vie plus terrestre et restèrent de moins en moins de temps dans l'eau, sauf pour se reproduire.

Un œuf conquérant

Certains de ces petits amphibiens innovèrent en abandonnant la reproduction aquatique, et en fabriquant des œufs à coquille dure. Grâce à cette invention (appelée œuf amniotique), l'embryon se développait dans une poche de liquide isolée de l'extérieur. Ces animaux pouvaient désormais pondre loin des cours d'eau et conquérir la terre entière. Ce nouveau groupe zoologique, dont les descendants dominent encore le monde, est celui des reptiles. Le plus ancien d'entre eux a 340 millions d'années. En quelques dizaines de millions d'années, les reptiles vont supplanter les amphibiens, qui resteront désormais confinés aux eaux douces.

La chasse aux dinosaures

Chercher, découvrir, transporter, nettoyer, assembler, nommer, exposer des os, des crânes, des squelettes...
Un parcours de longue haleine pour faire connaître au public ces "terribles lézards", seigneurs de la Terre pendant plus de 170 millions d'années !
Dès la fin du XIXe siècle, de grandes expéditions furent organisées et permirent d'exhumer un peu partout dans le monde les restes fossilisés de ces fabuleux dinosaures...

Les premières découvertes

Les tout premiers paléontologues furent des hommes préhistoriques qui ont récolté, sans s'en douter, de nombreux fossiles d'animaux disparus. Il a fallu attendre le début du XIXe siècle pour que le Français Georges Cuvier invente la paléontologie scientifique…

Georges Cuvier (1769-1832).

Au pays des dragons

Les dragons, créatures mythiques et bienfaisantes des contes chinois, trouveraient-ils leur origine dans la découverte de centaines d'os de dinosaures dans plusieurs provinces de Chine ? Il y a 1 700 ans, le savant Chang Qu raconta en effet l'exhumation de restes de "dragons" dans la province du Sichuan : « Le comté de Wucheng produit des os de dragons. Il semble que le dragon se soit élevé dans la montagne vers le ciel. Mais la porte du ciel s'étant trouvée fermée, il n'a pas pu entrer et il est retombé sur la terre, où il fut ensuite enfoui sous le sol. C'est pourquoi quand on creuse, on peut maintenant trouver des os de dragons. »

Cette province est aujourd'hui célèbre dans le monde entier pour l'abondance des squelettes de dinosaures que l'on y trouve. Aussi Chang Qu fut probablement le premier homme à avoir, sans le savoir, évoqué la découverte d'un dinosaure !

Un os + un os = un griffon

Une chercheuse américaine pense avoir découvert l'origine du griffon, animal mythologique au corps de lion, à la tête et aux ailes d'aigle. Cette créature ressemble étrangement à *Protoceratops*, un petit dinosaure dont de nombreux squelettes ont été exhumés dans le désert de Gobi. Des caravaniers, qui traversaient autrefois cette région, auraient remarqué des squelettes de ce dinosaure… Lors de leurs étapes, ils racontèrent ce qu'ils avaient vu… L'imagination faisant le reste, ces créatures de pierre seraient devenues vivantes, et les griffons seraient nés !

Des ignorants !

Jusqu'au XIXe siècle, la notion même de dinosaure n'existait pas. Dans l'esprit des hommes de science, il était impossible qu'il eut existé sur terre d'autres animaux que ceux qu'ils connaissaient. Les sciences étaient à un stade de développement qui ne permettait pas l'interprétation des fossiles. Le philosophe Voltaire (1694-1778) pensait, par exemple, que les coquillages que l'on trouvait dans les montagnes avaient été jetés là par les pèlerins se rendant à Compostelle ! Et pourtant…

Les progrès de la science

Au XVIIe siècle, le naturaliste anglais Robert Plot (1640-1696) décrivit l'extrémité d'un fémur de très grande taille et pensa que c'était l'os d'un géant. Au tout début du XIXe siècle, le scientifique Georges Cuvier estima que les vertèbres fossilisées sur lesquelles il travaillait, appartenaient à des crocodiles, même si elles présentaient des "bizarreries"… Dans les années 1820, le professeur britannique Buckland (1784-1856) évoqua les ossements d'un reptile carnivore inconnu, que l'on baptisa alors *Megalosaurus*, "gros lézard". Puis, le médecin Gideon Mantell (1790-1852) identifia des dents comme appartenant à une nouvelle espèce de reptile qu'il baptisa *Iguanodon*, "dents d'iguane" *(voir aussi p. 24-25 et p. 114-115)*.

Et les dinosaures furent…

Au milieu du XIXe siècle, il y eut assez de grands "reptiles" identifiés pour que les scientifiques estiment qu'ils devaient avoir leur propre ordre zoologique. En 1842, Richard Owen (ci-contre) créa ainsi le mot "dinosaure", du grec *deinos* (terrible) et *sauros* (lézard). Il remarqua que ces reptiles étaient gigantesques, qu'ils avaient les pattes bien verticales sous le corps… Les dinosaures existaient désormais en tant qu'objets d'études scientifiques. Ils suscitèrent un intérêt grandissant qui ne s'est jamais démenti jusqu'à présent.

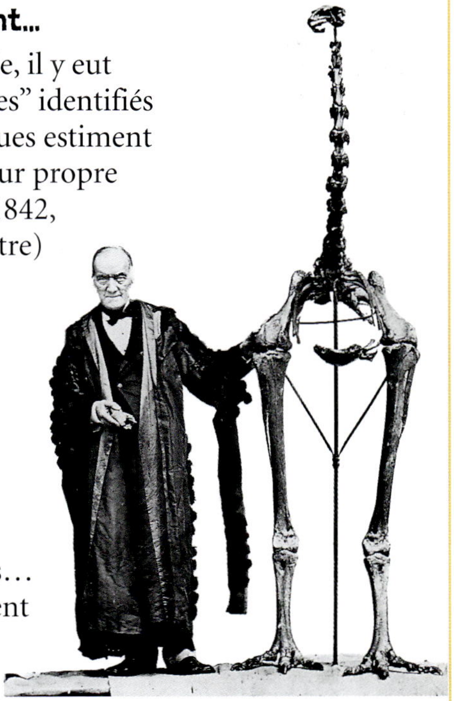

Dans cette illustration extraite d'un ouvrage allemand du XIXe siècle, la représentation des dinosaures du Jurassique était encore très approximative !

Des os par milliers

Les Anglais furent les premiers à découvrir des ossements de dinosaures chez eux. Les Belges et les Américains exhumèrent les premiers squelettes entiers de dinosaures dans leur pays respectif… Quant aux Français, ils trouvèrent le premier œuf fossile de dinosaure !

Othniel Charles Marsh (1831-1899).

Edward Drinker Cope (1840-1897).

Deux autres célèbres paléontologues américains, H. F. Osborn et B. Brown, qui exhumèrent en 1897 le squelette de *Diplodocus* dans le Wyoming (États-Unis).

Les frères ennemis

Edward Drinker Cope et Othniel Charles Marsh furent les deux plus célèbres paléontologues de la fin du XIXe siècle. Amis dans leur prime jeunesse, ces deux Américains devinrent vite de féroces rivaux. La raison de leurs querelles : une passion immodérée pour les fossiles.

Un beau jour, Marsh fit remarquer à Cope qu'il s'était trompé en reconstituant le squelette d'un reptile marin… en lui mettant la tête au bout de la queue ! Cope fut horriblement vexé et dès lors, ces deux hommes se haïrent… pour le plus grand bien de la paléontologie ! Leur rivalité fut telle qu'ils étaient obsédés par l'idée d'être toujours les premiers dans toutes les découvertes. Aussi dépensèrent-ils sans compter pour expédier des équipes chercher des fossiles vers le Far West, dans des régions où avaient lieu de nombreux combats entre Américains et Indiens.

Mise au jour d'une patte de sauropode (Wyoming, États-Unis, 1898).

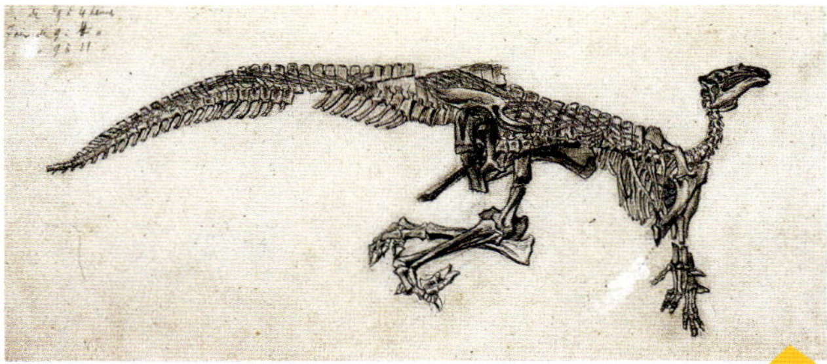

Ce dessin de G. Lavalette, exécuté en 1882, montre un *Iguanodon*, tel qu'il fut découvert dans l'extraordinaire gisement de Bernissart.

Les hommes de Cope et de Marsh mirent au jour de fantastiques cimetières de dinosaures, restes qu'ils ramenèrent dans les grands musées de la côte Est.
Ces découvertes permirent de faire avancer rapidement notre connaissance des dinosaures.
Tous deux ont trouvé les premiers squelettes entiers de sauropodes, de grands théropodes, de stégosaures ou de cératopsiens. Marsh décrivit *Allosaurus*, *Apatosaurus*, *Barosaurus*, *Camptosaurus*, *Ceratosaurus*, *Diplodocus*, *Nodosaurus*, *Ornithomimus*, *Stegosaurus*, *Torosaurus* et *Triceratops* ! Quant à Cope, il baptisa *Camarasaurus* et *Coelophysis*… “seulement”.

Le premier œuf

Dans le sud de la France, l'abbé Jean-Jacques Pouech (1814-1892) tomba sur les premiers œufs de dinosaures. Parce qu'il en découvrit seulement quelques fragments, les paléontologues de l'époque ne crurent pas qu'il s'agissait de morceaux d'œufs fossilisés. Il fallut attendre près de 150 ans pour que l'on s'en rende compte. Entre temps, une quantité d'autres œufs avaient été découverts – et identifiés correctement – en France, puis en Mongolie.

Le trésor de Bernissart

En Europe, même si les fouilles étaient moins fructueuses, on fit en 1878 une découverte extraordinaire : un mineur belge, par plus de 300 m de fond, trouva des troncs d'arbres fossilisés remplis d'or ! Les responsables de la mine, qui examinèrent les découvertes, pensèrent qu'il s'agissait plutôt de gros os fossilisés, recouverts de pyrite, un minéral de couleur jaune. Prévenus, les paléontologues belges confirmèrent cette hypothèse et s'installèrent dans ce petit village proche de la frontière française. En trois ans, ils allaient extraire trente et un squelettes complets d'*Iguanodon*.

Au début des années 1880, des hommes achevèrent le montage du premier squelette d'*Iguanodon*.

Dessine-moi un dinosaure

Les représentations de dinosaures telles que nous les connaissons permettent de nous imaginer concrètement à quoi pouvaient ressembler ces reptiles vivants. Si l'on regarde l'évolution des reconstitutions des “terribles lézards” sur deux cents ans, on se rend compte que les paléontologues ont souvent changé d'idées…

Après que Richard Owen eut conclu que les dinosaures n'étaient pas des reptiles rampants, *Iguanodon* (à gauche sur l'image) fut alors représenté comme une sorte d'énorme rhinocéros toujours cornu. (Illustration extraite d'un ouvrage allemand de 1886 où figurent des dinosaures du Crétacé.)

Allures de dragons…

Durant la première partie du XIXe siècle, les dinosaures furent représentés comme d'étranges et d'énormes dragons mythologiques. À cette époque, les paléontologues n'avaient découvert que quelques dents et ossements fossiles. Il leur était donc très difficile d'avoir une idée précise de ces animaux. Ils pensaient toutefois que ces reptiles disparus étaient tout simplement de gigantesques lézards !

… de rhinocéros…

Au milieu du XIXe siècle, les découvertes de Richard Owen, l'inventeur du mot dinosaure, offrirent une nouvelle image de ces grands animaux. On les représentait désormais comme des bêtes imposantes qui ressemblaient à des rhinocéros. Aucun squelette entier de dinosaure n'ayant encore été découvert, Richard Owen s'est contenté d'étudier les quelques ossements conservés dans les musées.

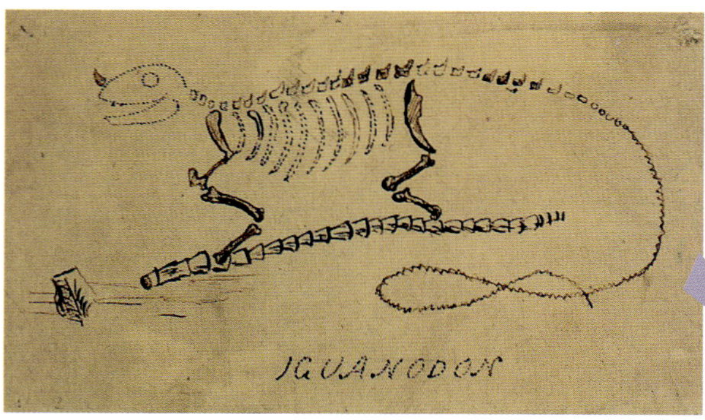

La première reconstitution d'*Iguanodon* par Gideon Mantell date de 1825. On ne connaissait alors que quelques os de ce dinosaure. Il ressemblait à un lézard gigantesque avec une sorte de corne sur le bout du nez.

… de kangourous et d'amphibies

À la fin du XIXe siècle, les nombreuses découvertes effectuées aux États-Unis par les équipes rivales de Marsh et de Cope permirent d'enrichir considérablement les connaissances paléontologiques : on trouva enfin des squelettes entiers de dinosaures. Des artistes américains réalisèrent les premières représentations de *Diplodocus*, *Stegosaurus*, *Triceratops* et *Tyrannosaurus*.

Au début du XXe siècle, on imaginait les dinosaures très lourds, se déplaçant difficilement et vivant la plupart du temps dans des marécages où ils pouvaient plus facilement supporter leur poids. Les théropodes (dinosaures carnivores) et les ornithopodes ("dinosaures à bec de canard") ressemblaient alors à des espèces de kangourous. Tous les dessins les montraient munis d'une lourde queue qui traînait sur le sol.

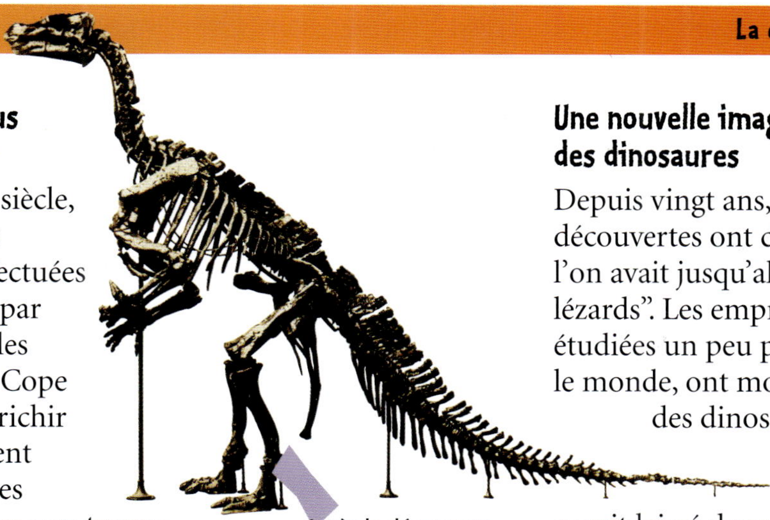

Après la découverte des squelettes à Bernissart, les paléontologues réalisèrent que la corne sur le nez d'*Iguanodon* n'existait pas. Ils l'avaient confondue avec son pouce. Ses membres postérieurs étaient également bien plus grands que ses pattes de devant. Un nouveau dessin d'*Iguanodon* fut alors réalisé. L'animal n'avait plus de corne sur le nez et se tenait sur ses deux pattes arrière, la queue traînant sur le sol.

Une nouvelle image des dinosaures

Depuis vingt ans, plusieurs découvertes ont changé l'image que l'on avait jusqu'alors des "terribles lézards". Les empreintes de pas, étudiées un peu partout dans le monde, ont montré que la queue des dinosaures ne traînait pas par terre – sinon elle aurait laissé dans le sol un sillon entre les empreintes des pieds. Les théropodes et les ornithopodes ne ressemblaient donc pas à des kangourous, et les sauropodes n'étaient pas obligés de passer leur temps dans l'eau pour soutenir leur masse. Tous portaient leur queue bien au-dessus du sol. Certains dinosaures étaient agiles et très rapides : quel changement ! Attention toutefois : même aujourd'hui, ces reconstitutions sont toujours des hypothèses, car personne n'a jamais vu un dinosaure vivant…

En 1980, un chercheur anglais s'aperçoit que les squelettes d'*Iguanodon* du musée de Bruxelles n'ont pas été correctement remontés. Afin qu'ils aient cette allure de kangourou, les paléontologues du XIXe siècle avaient dû leur casser la queue ! Il étudia patiemment les vertèbres et rendit sa conclusion : *Iguanodon* était quadrupède, et sa queue ne traînait pas par terre !

Les grandes expéditions paléontologiques

Au début du XXe siècle, les représentants de grands musées américains et européens réalisèrent que les “terribles lézards” du Mésozoïque avaient vécu ailleurs qu’en Europe et en Amérique du Nord. Ils organisèrent alors de grandes expéditions et partirent à la découverte des trésors dinosauriens. En route pour l’Asie et l’Afrique !

Tendaguru : les Allemands en Afrique

L’année 1907 fut une année exceptionnelle pour la paléontologie : on découvrit en Afrique orientale allemande (aujourd’hui la Tanzanie) d’énormes ossements sur la colline de Tendaguru. Une expédition, dirigée par des scientifiques du Muséum d’histoire naturelle de Berlin, fut alors organisée vers cette lointaine région. Les fouilles débutèrent le 20 avril 1909 et durèrent près de quatre ans. Les Allemands recrutèrent sur place des fouilleurs ainsi que des préparateurs, et ils employèrent jusqu’à cinq cents personnes en même temps ! Une fois dégagés sur le terrain, puis préparés, les os furent emballés dans des étuis de bambou, et acheminés à pied par des porteurs jusqu’au port de Lindi, à cinq jours de marche. À la fin des fouilles, en janvier 1913, les chercheurs allemands avaient fait parvenir près de 250 tonnes d’ossements à Berlin, dont environ 80 squelettes partiellement articulés de dinosaures : ce furent les plus grandes fouilles de tous les temps. La plus célèbre découverte de l’équipe allemande fut le squelette de *Brachiosaurus*, le plus gros dinosaure connu à l’époque. Son squelette, monté au musée de Berlin, mesure 12 m de haut pour 20 m de long.

Découverte d’un gisement d’os de dinosaures à Tendaguru.

Des Américains en Mongolie

Après la Première Guerre mondiale, tandis que l'Europe se retrouvait ruinée, les États-Unis furent un des seuls pays à entreprendre d'importantes expéditions. Au début des années 1920, le paléontologue H. F. Osborn, directeur du Musée américain d'histoire naturelle, était convaincu que les ancêtres des hommes avaient dû vivre en Asie. Une expédition, constituée de voitures et de chameaux, fut envoyée dans le désert de Gobi pour découvrir ces fameux fossiles humains. Les Américains n'y trouvèrent pas d'hommes mais… d'immenses gisements de dinosaures ! Parmi leurs découvertes les plus remarquables : *Protoceratops*, *Oviraptor*, *Velociraptor*, mais aussi de très nombreux œufs de dinosaures.

Le dinosaure et la princesse

Au cours d'une campagne de prospection dans le nord-est de la Thaïlande, le chauffeur de l'expédition tomba sur un nombre impressionnant d'ossements empilés près d'un temple. Les bâtisseurs de ce monument avaient, à l'époque, attribué les fossiles gigantesques qu'ils avaient trouvés à des restes d'éléphants. Mais les paléontologues identifièrent immédiatement les fossiles comme appartenant à des dinosaures sauropodes. Avec l'accord des moines, ils commencèrent les fouilles, et dix ans plus tard, des centaines d'ossements furent extraits ainsi que plusieurs squelettes complets. L'un d'eux porte un nom très célèbre en Thaïlande, *Phuwiangosaurus sirindhornae*, en hommage à la princesse Maha Chakri Sirindhorn, passionnée de paléontologie. En 2000, le plus grand musée paléontologique de Thaïlande a été construit sur le site !

Caravane de chameaux dans le désert de Gobi, en 1923.

Dans les décennies qui suivirent, des expéditions russes et polonaises découvrirent de nouveaux dinosaures dans les sables de Gobi.

Des dinosaures partout !

Depuis, les paléontologues se déplacent plus facilement, et ils sont allés dans le monde entier chercher des fossiles de dinosaures. Ils en ont trouvé sur tous les continents, même en Antarctique. Des déserts brûlants d'Afrique et d'Asie ou des déserts glacés de l'Alaska, ils ont rapporté des tonnes d'ossements. Aujourd'hui, ces fossiles exceptionnels n'enrichissent plus seulement, comme c'était le cas autrefois, les principaux musées d'Europe et d'Amérique du Nord. On peut aussi les admirer dans des musées du monde entier, du Maroc à la Thaïlande et du Niger à la Mongolie.

Découverte d'un nid d'œufs de dinosaures, en Mongolie.

Des chiffres et des dinosaures

Depuis la découverte de *Megalosaurus* en 1824, les paléontologues ne cessent de parcourir le monde dans l'espoir de découvrir d'autres espèces. En 2005, leur travail a été récompensé par la découverte d'une vingtaine de nouvelles espèces de dinosaures...

Les grands gisements d'**Amérique du Nord** se trouvent au nord-ouest des États-Unis et au sud-ouest du Canada. Ils ont livré environ 200 espèces de dinosaures, dont *Tyrannosaurus*, *Edmontonia*, *Triceratops*, *Diplodocus*, *Pachycephalosaurus* et *Stegosaurus*.

En **Amérique du Sud**, les gisements les plus riches ont été découverts en Argentine. 60 espèces sont connues, comme *Carnotaurus*, *Irritator* et *Amargasaurus*.

Problèmes de comptabilité...

En 2006, les chercheurs recensaient 600 à 1000 espèces de dinosaures. Cet important écart est la conséquence d'un désaccord entre chercheurs. Certains estiment que la présence de petites différences entre deux squelettes est suffisante pour créer deux espèces à part entière. D'autres, en revanche, sont convaincus que les deux squelettes appartiennent à deux individus de la même espèce, mais présentant de légères dissimilitudes.

Il existerait en réalité un peu moins de 700 espèces connues aujourd'hui.
De plus, les paléontologues pensent n'avoir découvert qu'une toute petite partie des espèces de dinosaures qui ont existé sur Terre ; les plus optimistes affirment que 20 % des espèces ont déjà été trouvées (il en resterait donc entre 2 000 et 4 000 à découvrir). Les pessimistes supposent que l'on en connaît 5 % au plus : ils s'attendent donc à trouver entre 10 000 et 20 000 nouvelles espèces !

En **Europe**, les plus importants gisements de dinosaures se situent en Allemagne, au Portugal, en Belgique et dans le sud-ouest de la France. Environ 100 espèces de dinosaures comme *Iguanodon*, *Ampelosaurus* et *Baryonyx* ont été décrites.

En **Asie**, d'immenses gisements de dinosaures sont connus en Mongolie, en Chine et en Thaïlande. *Tarbosaurus Oviraptor*, *Siamotyrannus*, *Protoceratops* et *Psittacosaurus* font partie des 200 espèces de dinosaures asiatiques connues aujourd'hui.

En **Australie**, quelques rares gisements ont été découverts sur la côte méridionale du continent. 15 espèces sont répertoriées dont *Leaellynasaura* et *Minmi*.

En **Afrique**, les plus grands gisements sont situés dans le Sahara, entre l'Égypte et le Maroc. 55 espèces de dinosaures parmi lesquelles *Carcharodontosaurus*, *Ouranosaurus* et *Brachiosaurus* y ont été découvertes.

En **Antarctique**, de rares dinosaures ont été découverts sur la petite pointe proche de l'Amérique du Sud (seul endroit du continent à ne pas être recouvert de glace en permanence). Une seule espèce, *Cryolophosaurus* ("lézard à crête de glace") a été nommée.

Squelette
de *Chasmosaurus.*

La fossilisation

Tous les ossements ne se transforment pas en fossiles… C'est même un phénomène d'une grande rareté car la plupart des os sont voués à la décomposition. La découverte d'un fossile reste donc un événement exceptionnel qui se réalise dans des conditions naturelles particulières.

Un très long scénario

Un dinosaure meurt. Son cadavre sera rapidement "nettoyé" par les charognards qui ne laisseront que son squelette. Si l'animal est mort au cœur de la forêt, ses os se décomposeront et il disparaîtra à jamais. En revanche, s'il s'éteint au bord d'un fleuve, d'une rivière ou d'un lac, son squelette aura une chance infime d'être enseveli par la première crue et par son lot de sédiments ①. Le dinosaure se retrouvera ainsi sous une couche de sable et de limons qui le protègera de la décomposition. L'enfouissement devra être très rapide ②. Après plusieurs crues, le squelette sera à l'abri sous plusieurs mètres de sédiments transportés par l'eau. Dans certains cas – rarissimes –, il sera enfoui sous des dunes de sables ou des cendres volcaniques.
La transformation des os en roche pourra alors commencer : c'est le début de la fossilisation. Les os se compactent par dessèchement. Les cellules osseuses se remplissent petit à petit de minéraux apportés par des fluides qui circulent dans les sous-sols ③. Il faudra "juste" attendre quelques millions d'années pour que les ossements deviennent des fossiles et réapparaissent en surface grâce aux mouvements de la croûte terrestre et de l'érosion ④.

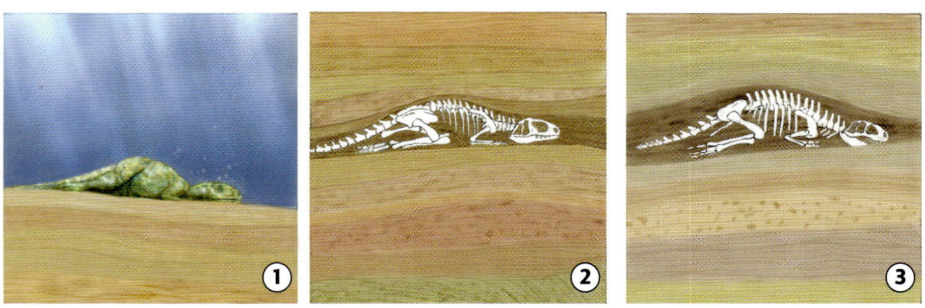

Os et Cie...

Un fossile est donc la trace dans la roche d'un être vivant disparu. Les fossiles de dinosaures ne sont pas uniquement des ossements. Les paléontologues trouvent également des œufs, car leur coquille, suffisamment dure, a pu se fossiliser. D'abondantes empreintes de pas de dinosaures fossilisées – parfois même des pistes entières de plusieurs centaines de mètres – ont été découvertes un peu partout dans le monde. Les gastrolithes, pierres contenues dans le gésier des dinosaures *(voir p. 58-59)*, les coprolithes (excréments fossilisés) se transforment également en fossiles. Seuls les muscles et les viscères (estomac, intestin, etc.) – ce que l'on appelle les parties molles – se décomposent très vite et ne se conservent pas.

Laissons faire la nature...

L'érosion et la pelle mécanique sont les meilleures amies du paléontologue. Érodées par le vent ou la pluie au cours de millions d'années, les couches géologiques, sans intérêt pour les chercheurs de dinosaures (roches datées des ères tertiaire et quaternaire), disparaissent. Si la chance leur sourit, les scientifiques pourront extraire de cette surface nettoyée de nombreux fossiles. Sans l'aide de l'érosion, ces couches fossilifères, situées à quelques centaines ou milliers de mètres de profondeur, resteraient inaccessibles aux paléontologues. Les fossiles sont parfois ensevelis sous seulement quelques mètres de roche. C'est la pelle mécanique qui intervient alors pour dégager rapidement les couches remplies de trésors paléontologiques.

Crâne de *Psittacosaurus.*

Mots savants

Sais-tu ce que signifie le mot "paléontologie" ? C'est tout simplement la science de la vie ancienne (littéralement, le discours sur la vie). Pour parler de cette vie très lointaine, la paléontologie se base sur l'étude des fossiles. La géologie, quant à elle, est une science qui étudie les matériaux constituant la Terre et les transformations qu'elle subit au cours du temps. Et l'ichnologie est l'étude scientifique des empreintes de pas.

Quel pot, de la peau !

La peau disparaît rapidement après la mort de l'animal. Mais, exceptionnellement, un cadavre de dinosaure peut être enfoui avec sa peau sous une épaisse couche de sédiments. Ces boues prennent alors la marque de la peau avant de se durcir et de se transformer en roche. Quelques millions d'années plus tard, la peau a disparu mais les paléontologues peuvent retrouver son empreinte sur les roches autour du squelette (ci-dessus, une empreinte de peau d'hadrosaure).

Sur le terrain

Avant d'étudier les ossements des “terribles lézards”, il faut d'abord aller chercher là où ils se trouvent : dans des roches du monde entier faciles d'accès, c'est-à-dire mises au jour par l'érosion. Détail important : ces roches doivent dater du Trias, du Jurassique ou du Crétacé, périodes pendant lesquelles vécurent les dinosaures.

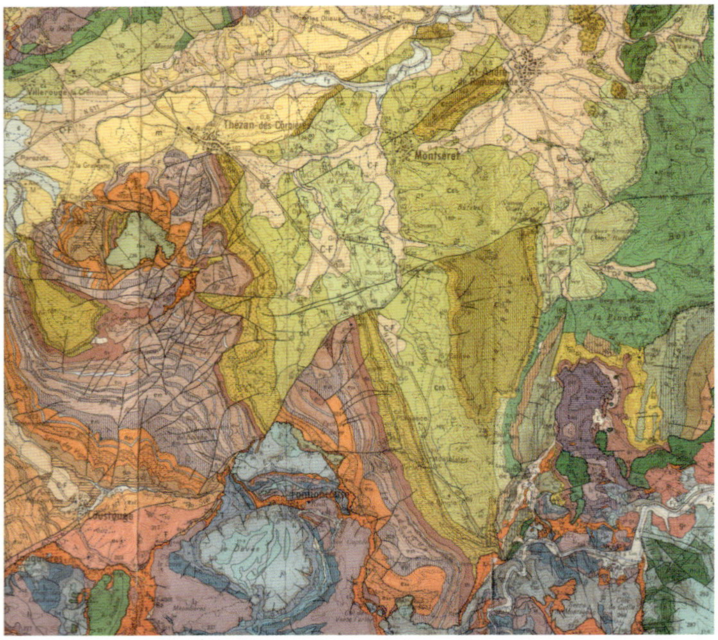

① ***La carte géologique : un outil indispensable***
La carte géologique est le premier outil qu'utilisent les paléontologues avant de partir à la recherche d'ossements de dinosaures. Elle indique la répartition des couches géologiques sur l'ensemble de la planète. Les scientifiques y repèrent toutes les zones colorées en bleu et en vert, les couleurs choisies pour représenter les roches formées au Jurassique et au Crétacé. Il leur suffit alors de préparer un sac à dos avec les outils essentiels, et d'enfiler de bonnes chaussures !

② ***Avoir l'œil***
De longues heures de marche sont nécessaires pour mettre le pied sur un nouveau gisement riche en fossiles. Durant ce travail de prospection, l'œil du paléontologue ne quitte pas le sol. Il doit observer chaque falaise, chaque affleurement, pour trouver le moindre indice qui révèlerait des morceaux d'ossements en surface. Ces os sont souvent en mauvais état, usés et abîmés par les pluies. Mais ils restent très précieux car ils indiquent que d'autres fossiles attendent sous la roche, à l'abri des intempéries et donc préservés depuis des dizaines de millions d'années. Si la récolte promet d'être riche et intéressante, le paléontologue engage des travaux de fouilles. Dans de nombreux cas, ce sont des amateurs passionnés de fossiles ou de simples promeneurs qui mettent par hasard le nez sur un os. Ils informent alors les paléontologues qui poursuivront les recherches.

③ *À grands coups de marteau*

Les outils utilisés pour les premiers travaux dépendent de la dureté de la roche. Il n'est pas rare de faire appel à une pelle mécanique ou à des marteaux-piqueurs. Mais le plus souvent, c'est en creusant avec un marteau et un burin que le premier petit morceau d'os fait surface. La colle devient alors indispensable à la poursuite de la fouille. Les fossiles sont très fragiles, il faut sans cesse les consolider si l'on ne veut pas les voir transformés en poussière. Puis, à l'aide d'un minuscule burin, d'un petit marteau et d'un pinceau, l'os apparaît peu à peu.

④ *Isoler le fossile*

Une fois la surface du fossile parfaitement découverte, une tranchée est alors réalisée tout autour de l'os et sur plusieurs dizaines de centimètres de profondeur.

⑤ *Un travail de plâtrier*

La technique de la coque en plâtre est indispensable pour sortir le fossile de la roche sans le détruire. Recouvert de plusieurs couches de papier journal, de toile de jute et de plâtre, l'os est extrait sans danger. Il suffit de retourner le bloc après séchage. Le fossile peut alors rejoindre le laboratoire dans sa coque protectrice sur laquelle figure un numéro qui correspond au nom du gisement d'où il provient. Certains plâtres peuvent attendre des semaines, des mois, des années, avant d'être vidés. Sans ce numéro, il serait impossible de retrouver l'origine du fossile enfermé dans la coque, et il serait perdu pour la science.

⑥ *Un transport parfois délicat*

Les gisements sont souvent situés très loin des laboratoires, parfois dans des endroits difficilement accessibles comme les déserts ou les zones de montagne. Le transport des coques en plâtre peut nécessiter des moyens considérables : camions, grues et même hélicoptères.

Le travail de laboratoire

Le fossile arrive au laboratoire, à l'abri dans sa coque de plâtre. Il faut maintenant l'en délivrer. Un long travail commence alors pour l'extraire définitivement du plâtre et de sa gangue de roche. Mais le plus dur reste à faire. Il faut savoir de quel os il s'agit : d'un crâne, d'un fémur ? Un fémur de *Triceratops* ou celui de *Tyrannosaurus* ?

① ***Déplâtrer***

Première étape : extraire le fossile de sa coque de plâtre. Les techniciens utilisent pour cela des petits marteaux et des burins. Le tube de colle est toujours à portée de main, car le fossile est encore extrêmement fragile. Ces colles, très liquides, pénètrent en profondeur dans l'os, qui devient alors presque incassable.

② ***Nettoyer***

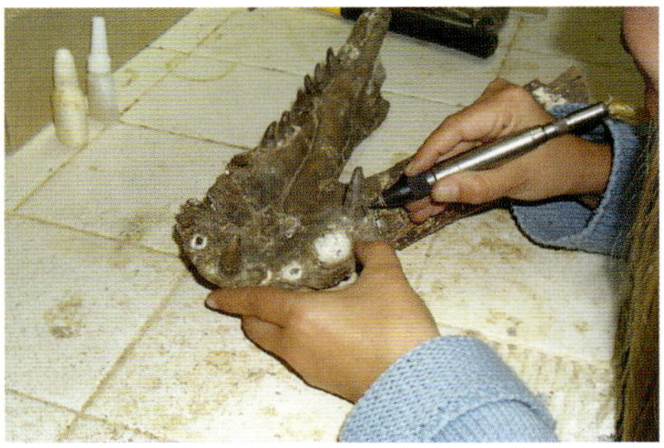

Pour la première fois depuis des millions d'années, l'os de dinosaure se retrouve entièrement à l'air libre. Pourtant, il est encore protégé, comme la majorité des fossiles, d'une petite couche de roche ou de fer, plus ou moins épaisse et résistante. Cette gangue est dégagée à l'aide de minuscules marteaux-piqueurs qui ressemblent aux outils du dentiste, d'aiguilles et de pinceaux. Parfois, lorsque la roche contient beaucoup de calcaire, les fossiles sont trempés dans des bains d'acide. Après plusieurs bains, la roche s'est dissoute et le fossile est intact. On utilise aussi des cuves à ultrasons qui permettent de séparer l'os de sa gangue. Des dizaines voire des centaines d'heures de travail minutieux sont nécessaires pour que l'os soit parfaitement nettoyé. Cette opération dangereuse (éjection de milliers de minuscules morceaux de roches) exige le port de larges lunettes en plastique et la présence d'une hotte qui aspire toutes les poussières.

③ Embrocher

Les os les plus volumineux, tels les fémurs ou les humérus, sont souvent cassés en plusieurs morceaux. Il faut donc les reconstituer à l'aide de colles, tout comme un puzzle. Pour les plus gros, une armature interne en fer est la plupart du temps indispensable.

④ S'informer

Si l'os n'est pas trop abîmé, il est facile de savoir à quelle partie du corps il correspond. Mais parfois, plusieurs heures de recherche sont nécessaires pour trouver la solution. Le paléontologue se demande si son fossile appartient à un animal déjà connu ou à un tout nouveau dinosaure. Il le compare avec d'autres, se plonge dans les livres et les articles spécialisés. Il peut se rendre dans un musée à l'autre bout du monde pour étudier tel ou tel ossement. Lorsqu'il est enfin persuadé d'avoir affaire à une nouvelle espèce de dinosaure, il doit lui trouver un nom.

⑤ Baptiser

La carte d'identité d'un dinosaure, ainsi que celle de tous les animaux actuels et anciens, est composée de plusieurs noms : le nom de famille, le genre et l'espèce. Ces noms sont généralement en latin, mais ils peuvent provenir également de langues étrangères (le chinois, par exemple). Les paléontologues choisissent un nom rappelant l'endroit où le dinosaure a été découvert, la personne qui l'a trouvé, une particularité anatomique, etc.

Par exemple, *Tyrannosaurus rex* appartient à la famille des tyrannosauridés. Son nom de genre est *Tyrannosaurus* et l'espèce est *Tyrannosaurus rex* ("le roi des lézards tyrans"). *Saltasaurus* : le "dinosaure de la rivière Salta" (en Argentine) a été découvert au bord de cette rivière. *Ampelosaurus* : le "dinosaure du vignoble" a été trouvé dans des vignes au sud de la France.

⑥ Stocker et exposer

Une fois cette longue préparation terminée, le fossile rejoint le bureau du paléontologue. Ce dernier l'étiquette et le range sur les étagères à côté de milliers d'autres ossements. Les plus beaux et les plus intéressants sont exposés dans les musées, mais l'immense majorité d'entre eux reste à jamais dans les collections des musées, stockés à température constante, à l'abri de la lumière. Ces précieux témoins de la vie des dinosaures reçoivent parfois la visite d'un paléontologue qui en extrait de nouveaux et précieux renseignements. Les collections des musées du monde entier renferment des trésors inestimables, et c'est l'une des principales missions des musées que de les conserver en bon état pour les générations futures.

La reconstitution d'un dinosaure

Comment reconstitue-t-on un dinosaure ? Et comment faire quand on ne connaît qu'un seul de ses os ? Voilà une partie importante du travail des paléontologues. Pour cela, ils utilisent une science appelée l'anatomie comparée. Grâce à elle, impossible de confondre un fémur de sauropode avec un fémur de théropode !

À qui est cet os ?

Un os de dinosaure présente des caractéristiques (forme, taille) qui aident à différencier chaque genre, chaque espèce. Un humérus (os du bras, de l'épaule au coude) de *Tyrannosaurus* ne ressemble pas à celui de *Diplodocus*. En comparant un fémur (os de la cuisse) découvert dans un nouveau gisement avec tous ceux déjà connus, les scientifiques peuvent savoir à quelle famille, à quel genre et à quelle espèce il appartient : c'est le principe de l'anatomie comparée. Avec un os, les paléontologues parviennent à reconstruire le dinosaure en entier !

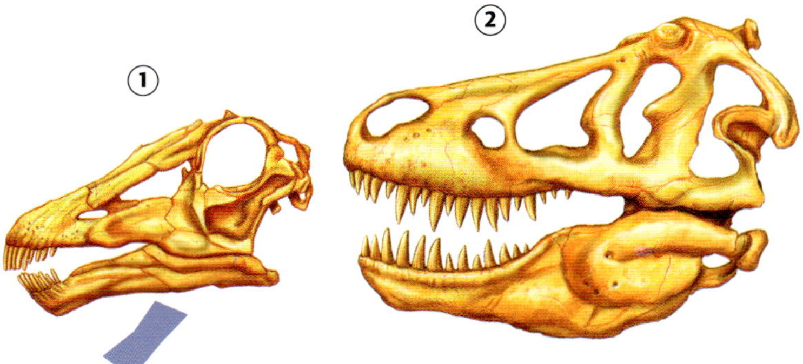

Le crâne de *Diplodocus* ① mesure 1 m, celui de *Tyrannosaurus* ② environ 1,50 m.

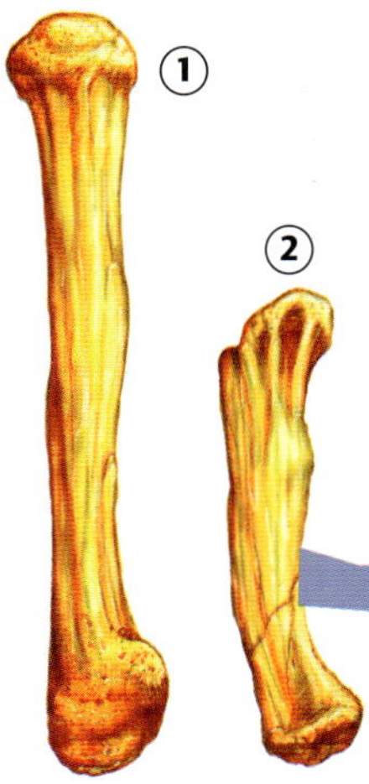

Si les fémurs et les humérus ne sont pas toujours suffisants pour connaître le nom du dinosaure, ils permettent au moins une chose essentielle : connaître sa taille. Ainsi le fémur de *Diplodocus* ① mesure 1,60 m environ, celui de *Tyrannosaurus* ② 1 m.

Tout dans la tête, rien dans les jambes !

Avec la présence du seul fémur, les chercheurs peuvent a priori définir le nom de la famille, plus difficilement celui de l'espèce. Certains ossements sont en revanche plus précieux que d'autres. Les os du crâne, par exemple, permettent avec une plus grande certitude de déterminer à quel dinosaure on a affaire. Bien entendu, plus il y a d'os découverts, plus il sera facile de savoir à quoi ressemblait l'animal lorsqu'il était vivant !

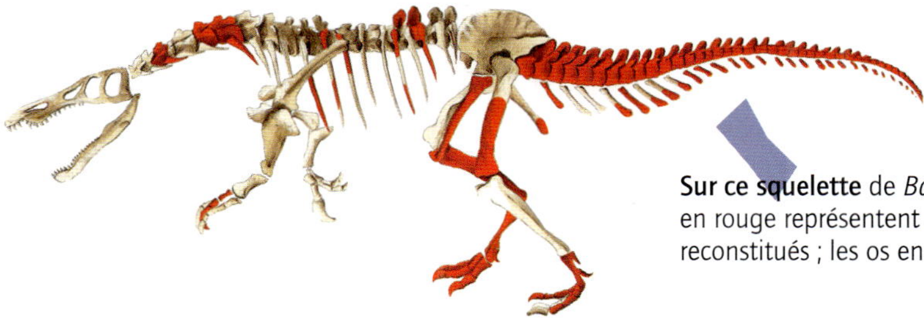

Sur ce squelette de *Baryonyx*, les os colorés en rouge représentent des os qui ont été reconstitués ; les os en blanc, les os fossilisés.

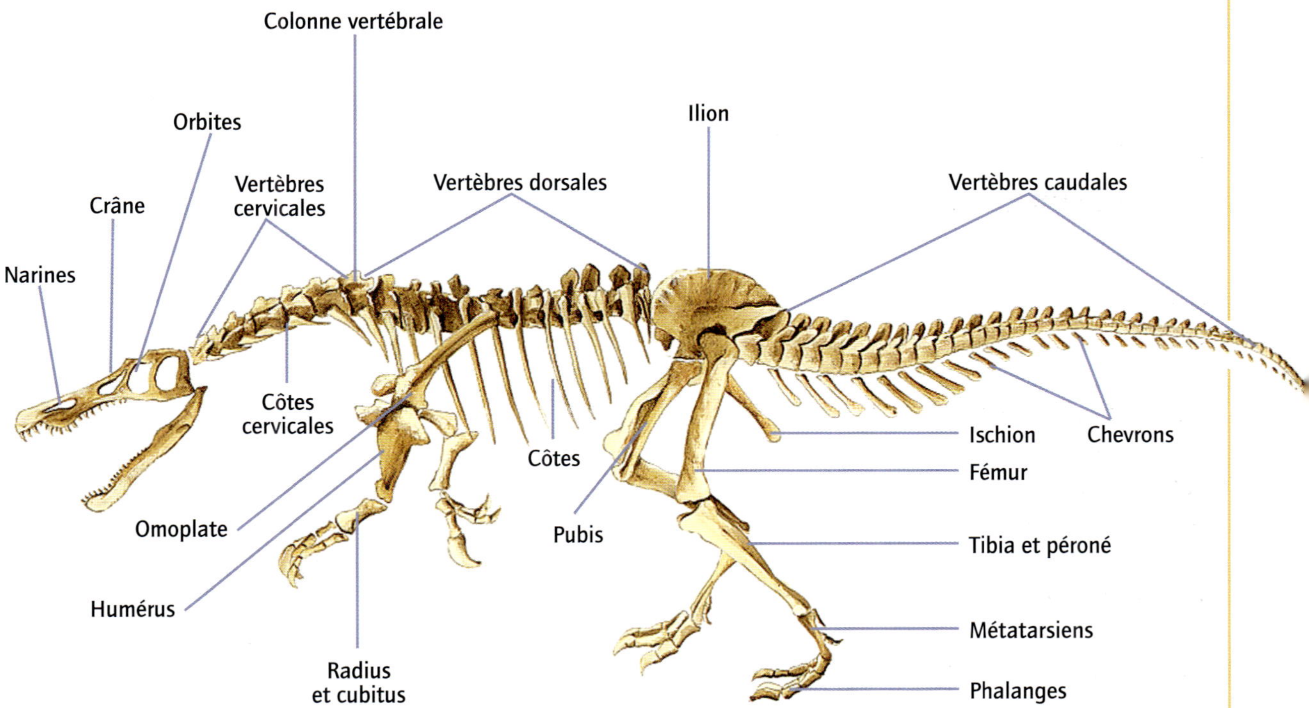

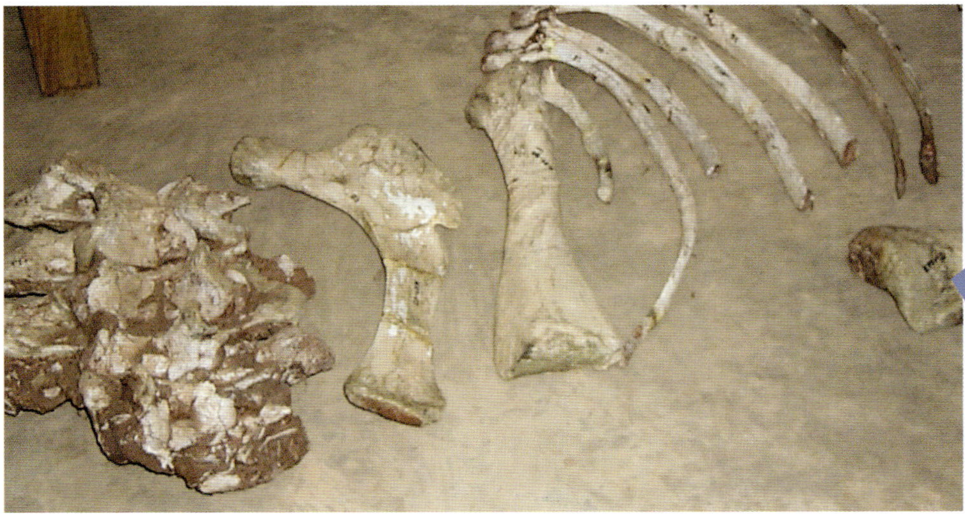

Assemblage d'os de dinosaures.

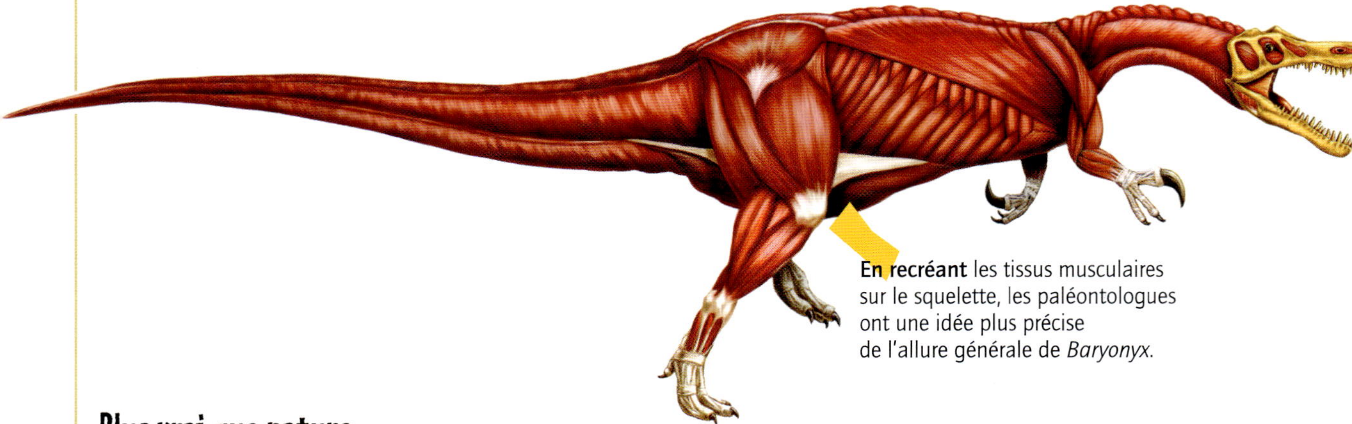

En recréant les tissus musculaires sur le squelette, les paléontologues ont une idée plus précise de l'allure générale de *Baryonyx*.

Plus vrai que nature

Pour reconstituer un dinosaure en chair et en os, les paléontologues étudient très précisément les nombreuses dépressions, crêtes et saillies observables sur les os. Ces caractéristiques anatomiques sont essentielles, car elles servaient de points d'attache aux muscles et aux ligaments. En comparant avec la disposition des muscles des animaux actuels, les chercheurs peuvent ainsi "habiller" un dinosaure. Ce travail donne une idée assez précise de la forme de l'animal.

Travail d'artiste

Toutes ces études sont ensuite confiées aux artistes qui pourront, à l'aide de différentes techniques, redonner vie ou presque au dinosaure. Certains reconstituent la forme générale du squelette avec une armature de fer, d'autres préfèrent la sculpture. Pour créer la peau des dinosaures, ils se basent sur celle des reptiles actuels (crocodiles, lézards) ou sur les très rares empreintes connues de leur peau.

Le retour des dino-morts vivants !

Certains films (comme ici dans *Jurassic Park*, de Steven Spielberg) ont tenté de nous faire croire qu'il était possible de redonner vie aux dinosaures de l'ère secondaire... Ce n'était heureusement que du cinéma ! Nous pouvons toutefois imaginer, qu'un jour, un paléontologue chanceux découvre des fragments d'ADN fossiles de dinosaures. Cela ne sera certainement pas suffisant, car à elle seule une molécule d'ADN ne peut fabriquer un être vivant.

Squelette de *Variraptor* et sa reconstitution réaliste.

Palette de couleurs

Le moment crucial de choisir une couleur pour le dinosaure est venu. Et les problèmes commencent… On ne peut savoir en effet quelles étaient les couleurs des "terribles lézards" : verts, jaunes, violets… tout est possible ! Comme ce sont des reptiles, on peut penser qu'ils avaient la même couleur que ceux que nous connaissons : verts sur le modèle de quelques lézards, gris comme la plupart des crocodiles, ou les deux. Et parce que les oiseaux seraient les descendants des dinosaures, certains auraient pu posséder des couleurs très vives, voire des plumes !
La couleur reste toutefois le choix de l'artiste. Ne sois donc pas étonné de croiser dans un musée un dinosaure jaune aux yeux bleus !

Des dinosaures aux couleurs éclatantes au dinosaure plus "classique", le choix est grand !

Les talents du modéliste et du paléontologue se sont conjugués pour constituer cette maquette très "réelle" de *Baryonyx* au moment de sa mort. Le dinosaure se serait noyé dans un lac, avant d'être recouvert par une couche de sédiments et de se fossiliser peu à peu.

Le Trias : l'apparition des dinosaures

Il y a 250 millions d'années, près de 95 % des espèces animales disparurent de notre planète. Ce fut la plus grande extinction de tous les temps et ses causes demeurent encore mystérieuses. Le Trias, première période de l'ère secondaire (Mésozoïque), pouvait alors débuter. Les premiers mammifères, tortues et crocodiles virent le jour. De curieux petits reptiles aux pattes verticales sous leur corps – les dinosaures – firent aussi leur apparition il y a 235 millions d'années.

La vie sur les continents

Après les ravages de la fin de l'ère primaire, le Trias s'ouvrait sur une terre dépeuplée : tous les grands animaux étaient morts ! Sur les continents seuls survivaient quelques reptiles mammaliens de taille modeste et des sortes de petits lézards qui allaient connaître un développement formidable : les archosaures, les "reptiles souverains".

Le climat chaud et sec favorise l'étendue de vastes déserts à l'intérieur des terres. Les herbes et les fleurs n'existent pas encore, mais de nombreux conifères, ifs, ginkgos et cycas poussent un peu partout sur ce vaste continent. Les fougères et les prêles, germant près des points d'eau, constituent une base de nourriture importante pour les dinosaures herbivores. Dans le groupe des reptiles mammaliens, certaines espèces ont réussi à survivre à la crise permienne (dernière période de l'ère primaire). Elles évoluent rapidement et occupent tout le continent. Certains petits animaux donnent naissance aux tout premiers mammifères,

Presque tous les continents étaient réunis dans un supercontinent, la Pangée. Les animaux ont pu ainsi coloniser l'ensemble des terres. Le reste du globe était recouvert par un immense océan, la Panthalassa.

nos très lointains ancêtres. À la fin du Trias (205 millions d'années), les archosaures prennent progressivement la place des reptiles mammaliens. Les dinosaures, herbivores et carnivores, commencent alors à dominer le monde. Dans cette scène située en Europe, deux *Plateosaurus* ① sont troublés par le vol de plusieurs ptérosaures comme *Eudimorphodon* ②. Le prédateur *Ornithosuchus* ③ en profite pour attaquer l'un d'eux. Un autre chasseur, *Liliensternus* ④, semble également intéressé par ces prosauropodes. Tandis que *Rutiodon* ⑤ s'approche du cours d'eau, *Proganochelys* ⑥ et *Stagonolepis* ⑦ ont l'air de s'affronter.

La vie dans les océans

Au début du Trias, tout avait changé sur la planète, tant sur les continents qu'au fond des mers. Plusieurs familles de reptiles se sont alors adaptées à la vie aquatique, abandonnant la terre ferme où avaient vécu leurs ancêtres.

Trois principaux groupes de reptiles coexistaient dans les mers au Trias. Les nothosaures (*Pistosaurus* ①) possédaient de petites têtes, une queue et un cou assez longs et des pattes palmées qui leur permettaient de nager avec agilité dans les fonds marins. Les lourds placodontes (*Henodus* ②) préféraient les eaux peu profondes et se nourrissaient probablement de coquillages qu'ils écrasaient entre leurs grosses dents broyeuses. Ces deux groupes ont disparu avant la fin du Trias. Quant aux ichthyosaures, les "lézards-poissons", ils furent les maîtres incontestés des océans et les reptiles les plus adaptés à la vie aquatique. Ils avaient des allures de dauphins avec leur long et fin museau garni de dents pointues. Au cours de l'évolution, leurs pattes se sont transformées en nageoires. Certains d'entre eux, tel *Shonisaurus* ③, atteignaient 15 m de long. Ils se nourrissaient de grands poissons et d'ammonites ④, lointains cousins de nos calamars. Ces reptiles pourvus de poumons devaient refaire surface pour respirer à l'air libre, comme les cétacés d'aujourd'hui.

3
2
1

Le temps des reptiles

À la fin du Primaire et au début du Secondaire (250 millions d'années), les reptiles mammaliens régnaient sur Terre. Dominés plus tard par les dinosaures, ils durent patienter jusqu'au Tertiaire pour prendre leur revanche. Après la disparition des "terribles lézards", les descendants des reptiles mammaliens, les mammifères, sont devenus les maîtres incontestés de la planète.

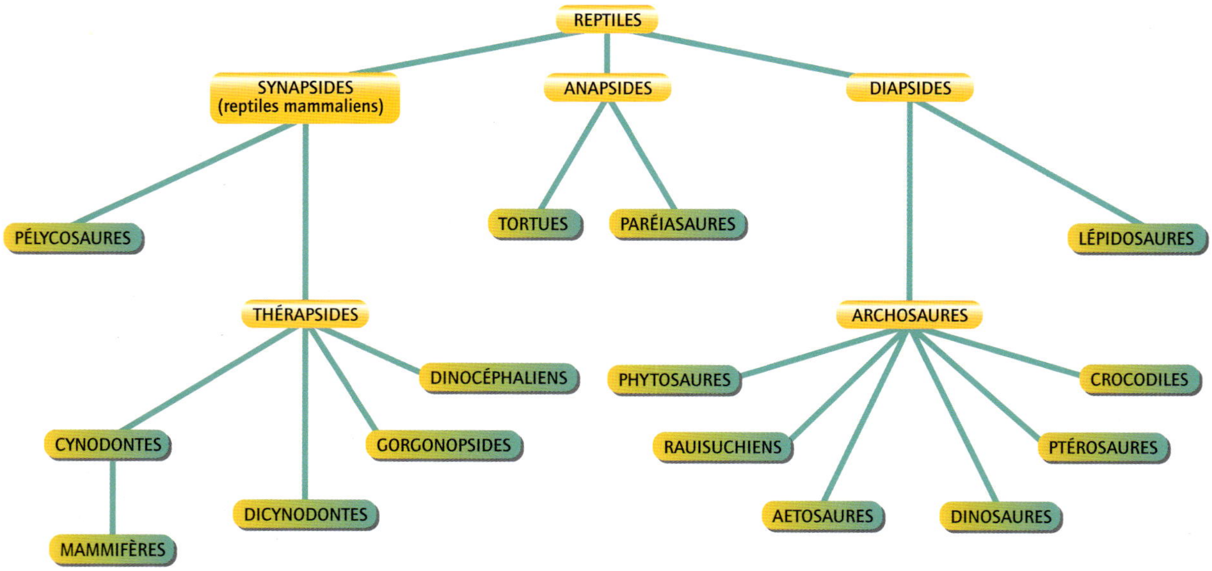

Les ancêtres des mammifères

Les reptiles mammaliens constituaient l'un des grands groupes de reptiles : les synapsides. Les deux autres groupes étaient les diapsides (lézards, crocodiles, dinosaures) et les anapsides (tortues). Les plus anciens reptiles mammaliens apparurent au Carbonifère, il y a environ 300 millions d'années. Au cours du Permien – dernière période de l'ère primaire –, ils se diversifièrent considérablement.

①

Les reptiles voilés

Au début du Permien, il y a 280 millions d'années environ, régnaient sur Terre des groupes comme les pélycosaures (les "lézards à voile"). Certains de ces reptiles mammaliens étaient herbivores : *Edaphosaurus* ① (le "lézard de la Terre"), par exemple, possédait un grand voile de peau tendu entre ses vertèbres démesurément

allongées.
D'autres étaient carnivores, tel le fameux *Dimetrodon* ② ("aux dents de deux tailles"), doté lui aussi d'un immense voile dorsal, qui lui permettait, pense-t-on, de réguler sa température interne. Avec ses 3 m de long et ses dents tranchantes, *Dimetrodon* était l'un des plus redoutables prédateurs du début du Permien.

②

Les gentils et les méchants

Après la disparition des pélycosaures, un nouveau groupe allait dominer le monde : les thérapsides. Parmi eux, figuraient les premiers vertébrés géants, comme l'énorme *Moschops* ③, un herbivore mesurant plus de 5 m de long et pesant plusieurs tonnes. D'autres thérapsides, les dicynodontes ("aux dents de chien"), furent aussi des herbivores qui avaient, pour la plupart, perdu leurs dents, conservant uniquement deux longues canines à l'avant de la gueule. Quant aux redoutables gorgonopsides, ils sévissaient à la fin de l'ère primaire. Ces terribles chasseurs possédaient de puissantes dents tranchantes pour déchirer les chairs de leurs victimes, et deux dents de sabre à l'avant de la gueule. Certains ont pu atteindre des tailles impressionnantes, tel *Inostrancevia* ④, aussi grand qu'un ours actuel.

③

④

Et les autres...

Aux côtés des innombrables espèces de reptiles mammaliens, vivaient les lointains ancêtres de nos tortues, les anapsides. Parmi eux, les lourds paréiasaures au crâne garni d'excroissances osseuses.

⑤

Ces gros animaux mesuraient jusqu'à 3 m de long, comme *Scutosaurus* ⑤, découvert en Russie. À la fin du Permien, d'autres reptiles, tels les petits diapsides, apparurent. *Youngina*, ressemblant à un lézard, fut découvert en Afrique du Sud. Un de ses cousins, *Coelurosauravus* possédait d'immenses côtes qui lui permettaient de planer d'arbre en arbre. Les descendants de ces discrets animaux insectivores allaient bientôt dominer le monde !

La fin d'un temps

La grande extinction de la fin de l'ère primaire (dont les causes restent encore mystérieuses à ce jour) a concerné la plupart des reptiles mammaliens : les gorgonopsides et les dinocéphaliens furent totalement anéantis, ainsi que les lourds paréiasaures. Quelques dicynodontes survécurent cependant et se développèrent à nouveau au cours du Trias.

La victoire des archosaures

Au début de l'ère secondaire, durant le Trias, les reptiles mammaliens se diversifièrent de plus en plus et de nouveaux animaux apparurent : les archosaures ou “reptiles souverains”. À la fin du Trias, lorsque les reptiles mammaliens disparurent, la voie fut libre pour un autre groupe : les dinosaures.

Lystrosaurus

Oligokyphus
(tritylodonte herbivore)

Les survivants

Après la grande extinction de la fin de l'ère primaire, le Mésozoïque s'ouvrait sur une terre dépeuplée. Quelques rares espèces, dont les dicynodontes, survécurent à l'hécatombe. L'un d'entre eux, *Lystrosaurus*, vivait en immenses troupeaux. Cet herbivore, de 50 à 80 kg, était pourvu de deux puissantes canines. Quelques millions d'années plus tard, certains de ses descendants ont atteint plusieurs mètres de long et un poids de près d'une tonne : c'est le cas du très lourd *Dinodontosaurus*, qui vivait à la fin du Trias au Brésil.

Nos ancêtres

Les cynodontes constituent l'autre grand groupe de reptiles mammaliens du Trias. Beaucoup furent de petits animaux, au corps probablement recouvert de fourrure, comme les mammifères. Certains étaient herbivores, d'autres carnivores. Parmi les herbivores, les tritylodontes seraient probablement les ancêtres des mammifères. Et dans ce cas, ils seraient aussi les ancêtres de l'homme… Nous serions donc les lointains descendants de la grande famille des reptiles mammaliens !

Thrinaxodon
(tritylodonte carnivore)

Proterosuchus
(archosaure)

Les archosaures

Les diapsides se diversifièrent considérablement au Trias, et plus particulièrement un groupe dont le règne allait durer quelques millions d'années : les archosaures. Les premiers d'entre eux furent des carnivores de petite taille, qui ressemblaient à de gros lézards. Au milieu du Trias, ils continuèrent de se singulariser : ainsi les phytosaures ressemblaient à nos crocodiles actuels. Toutefois, leurs narines étaient situées juste en avant des yeux, contrairement à celles des crocodiles qui se situent au bout du museau. Les aetosaures constituèrent un surprenant groupe d'archosaures herbivores, au corps recouvert de plaques osseuses comparables à celles des crocodiles.

Rutiodon
(phytosaure)

Stagonolepis
(aetosaure)

Cette armure servait à protéger ces lourds animaux des attaques des rauisuchiens, les prédateurs de l'époque. Ces derniers possédaient des dents très semblables à celles des dinosaures carnivores, en forme de poignard. Les plus grands mesurèrent jusqu'à 7 m de long.

Saurosuchus
(rauisuchien)

Toujours au Trias apparurent les premiers vrais crocodiles, les premiers ptérosaures et surtout… les premiers dinosaures !

La fin des reptiles mammaliens

De grandes extinctions frappèrent le monde animal à la fin du Trias. Presque tous les reptiles mammaliens disparurent alors, ainsi que de nombreux groupes d'archosaures (aetosaures, phytosaures, rauisuchiens), laissant ainsi le champ libre aux dinosaures, qui allaient dominer la Terre pendant tout le reste de l'ère secondaire !

Megazostrodon

Du reptile mammalien au mammifère

Rien de plus simple aujourd'hui que de faire la différence entre un reptile (lézard) et un mammifère (chien), n'est-ce pas ? Eh bien, au Trias, c'était beaucoup plus difficile ! *Megazostrodon*, le plus ancien mammifère, devait ressembler énormément aux petits cynodontes (reptiles) de son époque. Comme eux, il était poilu et sans doute à sang chaud ! Mais si sa lignée perdura jusqu'à nos jours, les cynodontes disparurent quant à eux tous avant la fin de l'ère secondaire.

L'arbre généalogique des dinosaures

Depuis le milieu du XIXe siècle, les paléontologues ont reconstitué les relations de parenté existant entre les nombreuses familles de dinosaures. À ce jour, environ sept cents espèces de "terribles lézards" ont été répertoriées… Nombre impressionnant mais très inférieur à la réalité lorsque l'on sait que ce groupe a perduré pendant 170 millions d'années !

Contrairement aux autres reptiles qui ont les membres écartés, les dinosaures marchaient avec les pattes verticales sous le corps. Les paléontologues ont divisé ces animaux en deux grands groupes qui se différencient par la forme de leur bassin.

– Les saurischiens ("à bassin de lézard") réunissent les sauropodes et les théropodes. Les premiers étaient herbivores, alors que les seconds étaient pour la plupart carnivores.
Les saurischiens avaient un bassin composé de trois os.
– Le groupe des ornithischiens ("à bassin d'oiseau") comprend les ornithopodes, les thyréophores et les marginocéphales, tous végétariens. Ils possédaient un bassin composé de quatre branches et un os supplémentaire à la mâchoire inférieure, recouvert de corne de leur vivant. Le bec des ornithischiens ressemblait à celui des oiseaux.
Parmi toutes les espèces connues actuellement, 55 % sont des saurischiens et 45 % des ornithischiens.

Le bassin des dinosaures est composé de trois os : l'ilion ① est le grand os qui constitue le sommet du bassin et qui relie celui-ci à la colonne vertébrale. Chez les saurischiens, le pubis ② est orienté vers l'avant et l'ischion ③ vers l'arrière. Chez les ornithischiens, le pubis ② est orienté vers l'arrière et parallèle à l'ischion ③. Tous deux servent à attacher le muscle des jambes.

Tous les dinosaures appartiennent à l'un des deux groupes, saurischien et ornithischien, qui sont eux-mêmes divisés en famille. La famille est l'ensemble des espèces qui partagent des caractères communs. Par exemple, chaque membre de la famille des stégosauridés possédait des plaques osseuses sur le dos. Les cératopsiens étaient tous des "faces à cornes", etc.

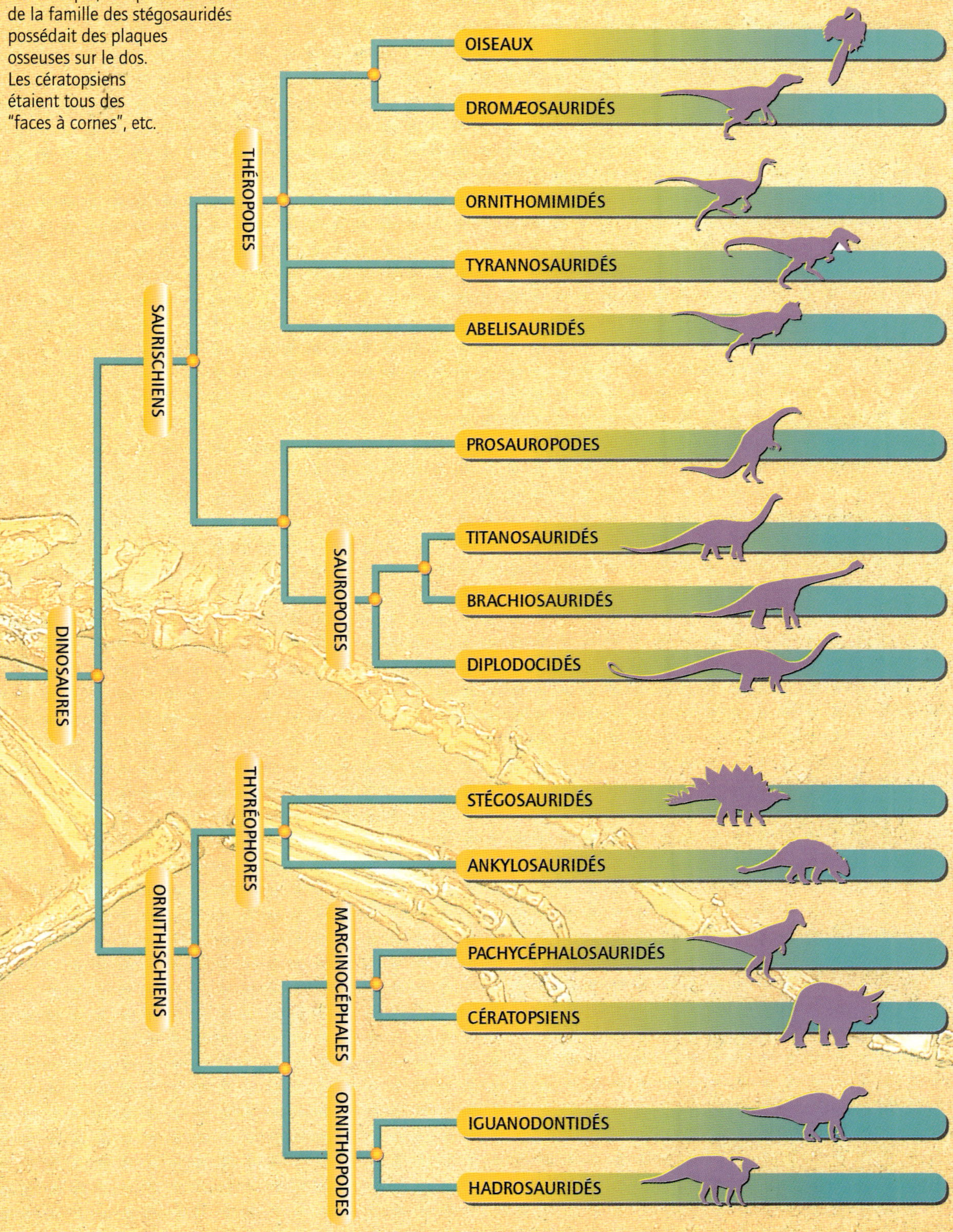

Les théropodes : les prédateurs

Tous les dinosaures carnivores appartiennent au groupe des théropodes (“pieds de bête sauvage”). Ils étaient les grands et les petits prédateurs de l’ère secondaire. Ces animaux bipèdes possédaient des pattes antérieures parfois très réduites. La plupart d’entre eux avaient une puissante mâchoire garnie de dents coupantes et des griffes acérées pour découper leurs proies.

Des prédateurs gigantesques...

Plus de cent espèces de dinosaures théropodes ont été répertoriées durant le Mésozoïque. Les plus anciens, tel *Eoraptor* ③ qui vivait au Trias, étaient de petits animaux. Puis ils se sont diversifiés au cours du Jurassique et du Crétacé. Dans certaines familles, ils sont devenus énormes. C’est le cas des allosauridés ④, des célèbres tyrannosauridés ② aux pattes de devant minuscules *(voir p. 154-155)*, ou encore des abelisauridés ① aux membres antérieurs encore plus

réduits et munis de cornes sur la tête *(voir p. 152-153)* ! Les plus colossaux sont les carcharodontosauridés d'Afrique et d'Amérique du Sud ⑦ qui atteignaient jusqu'à 15 m de long *(voir p. 124-125)*. Ces carnivores étaient trop lourds pour se déplacer rapidement sur de longues distances. Plutôt que de pourchasser leurs victimes, ils chassaient sans doute à l'affût, attendant le passage d'un gros herbivore pour se jeter sur lui et le tuer en l'étranglant avec leur puissante mâchoire.

… et de petits tueurs

D'autres théropodes étaient de taille moyenne comme la plupart des dromæosauridés ⑧, les ancêtres des oiseaux *(voir p. 102-103)*. La découverte d'empreintes de leurs pas montre qu'ils étaient capables d'atteindre des vitesses de 50 km/h et de rattraper ainsi les proies qui tentaient de fuir.

T'es ropode ou oiseau ?

Ah, si tu savais le nombre de problèmes que posent les oviraptoridés ⑨ aux paléontologues… Selon certains, ces bébêtes, qui vivaient en Asie à la fin du Crétacé (65 millions d'années), devaient être des théropodes sans dents, comme les ornithomimidés. Eh bien non ! rétorquent d'autres chercheurs. Ces animaux auraient été de vrais oiseaux qui, à l'instar des autruches aujourd'hui, avaient perdu la faculté de voler.

① *Carnotaurus*
② *Albertosaurus*
③ *Eoraptor*
④ *Allosaurus*
⑤ *Struthiomimus*
⑥ *Compsognathus*
⑦ *Carcharodontosaurus*
⑧ *Deinonychus*
⑨ *Caudipteryx*

Certains, enfin, sont restés minuscules. *Compsognathus* ⑥, vivant à la fin du Jurassique il y a 140 millions d'années, mesurait moins de 1 m de long. Il ne s'attaquait pas à d'autres dinosaures mais à des proies plus menues tels les mammifères ou les lézards. Ces petits carnassiers sont encore mal connus, car leurs os creux, très fragiles, étaient généralement détruits avant de se fossiliser.

Les édentés

Les ornithomimidés sont une famille bien particulière de dinosaures carnivores *(voir p. 106-107)*. Ils n'avaient pas de dents ! Leur crâne se terminait par une sorte de bec les faisant ressembler un peu aux oiseaux ; les paléontologues leur ont donné des noms évocateurs comme *Struthiomimus* ⑤ ("qui ressemble à l'autruche") ou *Ornithomimus* ("qui ressemble à un oiseau"). D'autres familles de théropodes tels les étranges thérizinosauridés *(voir p. 164-165)* avaient eux aussi perdu leurs dents. Les paléontologues s'interrogent encore sur ce que mangeaient ces théropodes édentés…

À table !

La meilleure façon de connaître le régime alimentaire d'un dinosaure est de découvrir les restes de son dernier repas. Sans cela, les paléontologues en sont réduits aux hypothèses. Mais grâce à l'étude des dents des théropodes, ils peuvent émettre également quelques certitudes.

Crâne du tyrannosauridé *Albertosaurus* provenant du Canada.

Saignant ou à point ?

Actuellement, les mammifères carnivores (lions, tigres, etc.) sont pourvus de dents tranchantes faites pour découper la viande. Les dents des théropodes, très différentes de celles de ces carnassiers, étaient tout aussi coupantes. Elles étaient aplaties avec de petites crénelures sur leurs bords. Véritables scies, elles leur permettaient de découper la chair de leurs victimes avant de l'avaler. Quelle qu'ait été la taille des théropodes, leurs dents avaient à peu près la même forme.

L'ultime repas

Compsognathus ("la jolie mâchoire"), petit carnassier d'une soixantaine de centimètres, vivait en Europe à la fin du Jurassique. Son squelette entier a été découvert en Allemagne en excellent état. Au milieu de ses côtes, les paléontologues ont trouvé les minuscules ossements d'un lézard : ce fut son dernier repas ! Il est hélas très rare de découvrir de tels fossiles. Pour les autres dinosaures carnivores, on n'est absolument pas certain de savoir ce qu'ils mangeaient, car on n'a retrouvé aucun ossement de leurs proies à l'intérieur de leur squelette.

Mais les dents de *Compsognathus* mesuraient quelques millimètres de haut, alors que celles de *Tyrannosaurus* pouvaient atteindre 20 cm (voir ci-contre) ! On se doute bien que si tous mangeaient de la viande, ils ne s'attaquaient pas aux mêmes animaux !

Au choix : poissons ou végétaux

Les dents de certains théropodes (*Baryonyx*, *Spinosaurus* ou *Siamosaurus*) étaient coniques et ressemblaient beaucoup à celles des crocodiles. Les paléontologues pensent que ces dinosaures se nourrissaient de poissons. Quant aux ornithomimidés, oviraptoridés ou thérizinosauridés, ils ne possédaient pas de dents du tout ! Certains scientifiques supposent que tous ces animaux étaient devenus végétariens… D'autres pensent qu'ils mangeaient des insectes, de petits animaux ou même les œufs des autres dinosaures.

Cette mâchoire d'abelisauridé a été découverte dans le sud de la France.

Gare aux griffes !

Lorsque des paléontologues découvrent de nouveaux dinosaures, ils regardent en priorité les dents pour savoir si ces animaux étaient carnivores ou herbivores. Mais comme la plupart du temps les crânes font défaut, les chercheurs se contentent des pieds et des mains. Sur le modèle des prédateurs d'aujourd'hui (félins, rapaces), les théropodes possédaient des griffes très coupantes qui leur permettaient de tuer et de déchiqueter la chair de leurs proies. Les herbivores, au contraire, avaient le plus souvent les doigts terminés par des sabots arrondis.

Quelques dents de théropode trouvées dans le sud de la France.

Comment peser un dinosaure ?

Il est "relativement" simple de connaître la longueur d'un dinosaure : il suffit de mesurer son squelette ! Mais pour estimer sa masse, c'est plus difficile car la chair et les viscères de l'animal n'existent plus. Il faut alors construire une maquette du reptile "en chair et en os" (par exemple au 1/100e) et la tremper dans un bocal d'eau. On mesure la quantité de liquide déplacé, ce qui permet de connaître le volume de la maquette et de calculer celui du dinosaure grandeur nature, et ainsi calculer son poids… Évidemment, suivant la forme de la maquette – si l'on fabrique une bête un peu bedonnante ou au contraire un animal plus maigrichon –, le résultat sera très différent. C'est pourquoi pour un même dinosaure comme *Brachiosaurus*, certains chercheurs pensent qu'il pesait une quarantaine de tonnes, et d'autres disent qu'il atteignait 80 tonnes. La vérité est sans doute entre les deux !

Les sauropodomorphes

Les sauropodomorphes sont des saurischiens herbivores. Ils comprennent les prosauropodes – “les prédécesseurs des pieds de lézard” –, qui vécurent au début de l’ère secondaire, et les sauropodes – “les pieds de lézard” –, les plus grands animaux terrestres qui aient jamais existé.

De deux à quatre pattes

Les sauropodes étaient tous des animaux quadrupèdes alors que les plus petits prosauropodes ②, qui atteignaient à peine 1 m de long, se déplaçaient sans doute sur deux pattes. Les plus anciens sauropodomorphes, découverts à Madagascar, datent de 235 millions d’années environ. À la fin du Trias (210 millions d’années), certains prosauropodes, comme *Plateosaurus*, mesuraient 9 m de long et passaient le plus clair de leur temps sur quatre pattes. Les prosauropodes ont disparu au début du Jurassique, alors que les sauropodes ont vécu jusqu’à la fin du Crétacé.

Géantissime !

Avant la fin du Trias, les sauropodes étaient déjà extrêmement grands : *Isanosaurus* ⑦, qui vivait en Thaïlande (le plus vieux sauropode connu à ce jour), mesurait 12 m de long et pesait 10 tonnes. Au Jurassique et au Crétacé, ils sont devenus gigantesques. Leur morphologie était identique : un long cou (10 m chez *Mamenchisaurus* ⑥), une queue sans fin, quatre membres ressemblant à des piliers, une tête minuscule et des dents très fines pour effeuiller les arbres. Les diplodocidés étaient les dinosaures les plus longs du Jurassique. *Seismosaurus* aurait mesuré 50 m du bout du museau à l’extrémité de la queue !

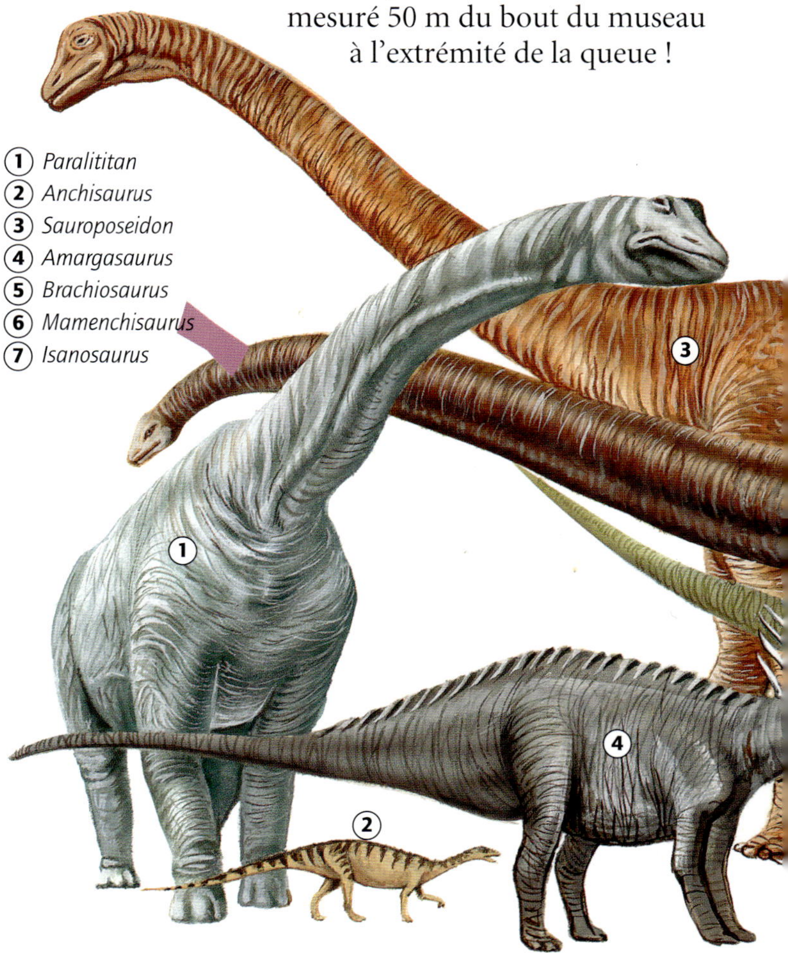

① *Paralititan*
② *Anchisaurus*
③ *Sauroposeidon*
④ *Amargasaurus*
⑤ *Brachiosaurus*
⑥ *Mamenchisaurus*
⑦ *Isanosaurus*

Les brachiosauridés (③ et ⑤) auraient pesé jusqu'à 80 tonnes. Au Crétacé, les géants étaient des titanosauridés comme *Paralititan* ① dont l'humérus avait la taille d'un homme ! *Argentinosaurus* aurait approché les 100 tonnes à la fin du Crétacé. À titre de comparaison, les plus gros éléphants d'Afrique pèsent 7 à 9 tonnes seulement. Certains sauropodes furent donc aussi lourds qu'un troupeau d'éléphants !

Signes particuliers

Dans certaines familles, ils possédaient des caractères un peu différents. Les diplodocidés avaient une longue crête composée d'écailles triangulaires le long du dos. Les titanosauridés étaient recouverts de grosses plaques d'os sur tout le corps. *Amargasaurus* ④ possédait une sorte de double crête sur le dos, formée par le grand développement de ses vertèbres.

On a longtemps cru que ces dinosaures étaient trop gros et trop lourds pour vivre sur la terre ferme, et qu'ils devaient passer leur temps dans les lacs. Ils sont d'ailleurs représentés ainsi dans les vieux livres. Mais les scientifiques ont réfuté cette théorie, car leurs poumons, situés à plusieurs mètres sous la surface, auraient été écrasés par la pression de l'eau ! Ils n'auraient tout simplement pas pu respirer dans de telles conditions.

Restons groupés !

Ces animaux vivaient en troupeau. On imagine le bruit terrible que devait produire le déplacement de ces géants : la terre tremblait certainement dans tout le voisinage ! C'est pourquoi certains ont reçu des noms évocateurs comme *Brontosaurus* ("lézard tonnerre"), *Seismosaurus* ("lézard qui provoque des séismes") ou encore *Sauroposeidon* ("lézard de Poséidon", le dieu grec des océans qui suscite les tremblements de terre).

Régime végétarien

Les sauropodes ont brouté, mâché et avalé plantes et végétaux pendant des millions d'années. S'ils étaient tous des animaux herbivores, ils n'avaient pourtant pas le même régime alimentaire : cela dépendait de leur taille, mais aussi de la forme de leurs dents.

Crâne de *Camarasaurus* trouvé aux États-Unis.

Là où ils passent... plus rien ne pousse !

Les plus grands des sauropodes tenaient leur tête à 8 m au-dessus du sol. Ils se nourrissaient certainement dans les branches les plus hautes des arbres. Mais à leur naissance, ces futurs géants étaient encore bien minuscules et broutaient à même le sol. Entre 0 et 8 m, les sauropodes engloutissaient donc toute la végétation !

Ouvrez grand la bouche

Il existe deux types de dents chez les sauropodes : les premières, en forme de cuiller, étaient robustes et cisaillaient efficacement les végétaux les plus coriaces.

Les camarasauridés, euhelopodidés ou brachiosauridés en étaient pourvus. Les secondes dents, plus fines, ressemblaient à de petits crayons. Les titanosauridés, diplodocidés ou dicræosauridés possédaient cette dentition qui leur permettait de ratisser les branches, en ne conservant que les feuilles tendres ou les fruits dans la bouche.

Cette mâchoire et cette dent allongée proviennent des restes de *Phuwiangosaurus* retrouvés en Thaïlande.

Dents spatulées d'euhelopodidés.

Une longue digestion

Mais ni les dents "cuiller" ni les dents "crayons" ne permettaient aux sauropodes de mâcher leur alimentation. Ils avalaient donc directement les feuilles ou les branches de conifères. Ces plantes se retrouvaient ensuite dans le gésier ou dans un autre élément du système digestif de l'animal. De puissants muscles broyaient alors les végétaux grâce à l'action de petites pierres ingérées préalablement : ce sont les gastrolithes, "pierres d'estomac".

De nombreux petits galets polis comme celui-ci ont été trouvés dans le squelette d'*Ampelosaurus* : il s'agit probablement de gastrolithes.

Ces "cailloux" sont parfois visibles à l'intérieur du squelette des sauropodes : ils ressemblent alors à des galets très usés, tout à fait comparables à ceux que l'on retrouve dans le gésier des poulets, mais en bien plus gros évidemment !

Un dinosaure, ça trompe énormément !

Comme les éléphants aujourd'hui, tous les sauropodes avaient des narines situées très haut sur le crâne, parfois même au-dessus des yeux. C'est pourquoi certains chercheurs disent qu'ils avaient une trompe ! Mais on pense plus généralement que cela leur permettait d'éviter que des branches ne leur rentrent dans le nez lorsqu'ils avançaient leur tête à l'intérieur du feuillage d'un arbre !

Quelques *Camarasaurus* en train de brouter.

Les plus vieux dinosaures

Les plus anciens dinosaures répertoriés à ce jour datent du Trias (entre 235 et 230 millions d'années). Ils ont été découverts en Amérique du Sud et à Madagascar. Les dinosaures étaient des espèces encore très rares : ils constituaient alors seulement 5 % des animaux terrestres.

Même s'il existait sûrement des ornithischiens à cette époque lointaine, les seuls dinosaures connus étaient tous des saurischiens, carnivores ou herbivores. L'ancêtre de ces deux grands groupes n'a pas été encore trouvé non plus. Les paléontologues pensent qu'il s'agit d'un animal minuscule long de quelques dizaines de centimètres seulement et qui vivait au début du Trias. Plusieurs équipes de chercheurs continuent leurs fouilles dans les roches datant de 245 à 235 millions d'années dans l'espoir de découvrir cet aïeul !

Eoraptor
"Le voleur de l'aube" est l'un des plus anciens dinosaures répertoriés. Petit carnivore long d'à peine 1 m, il possédait toutes les caractéristiques des dinosaures. En particulier, les pattes de ce bipède étaient déjà bien verticales sous son corps. Comme ses descendants, *Eoraptor* était un prédateur muni de fines dents tranchantes.

Herrerasaurus
Il porte le nom de son découvreur, un paysan argentin, V. Herrera, qui trouva son squelette au bord de la cordillère des Andes. Long de 3 m, ce dinosaure était lui aussi un théropode carnivore. Mais lorsqu'il vivait, il devait se méfier de prédateurs bien plus gros car certains d'entre eux mesuraient plus de 5 m de long !

Coelophysis
Bien qu'à peine plus jeune que les autres dinosaures puisqu'il vivait entre 225 et 215 millions d'années, il reste cependant mieux connu : on a en effet trouvé des centaines de squelettes de ce petit théropode aux États-Unis. Il pouvait atteindre 3 m de long.

Le doyen des dinosaures

Actuellement, il y a quatre prétendants au titre de plus vieux dinosaure connu : à ma droite, les Argentins *Eoraptor* et *Herrerasaurus* ainsi que le Brésilien *Saturnalia* ont entre 230 et 225 millions d'années. À ma gauche, un petit prosauropode de Madagascar sans nom : il aurait entre 235 et 225 millions d'années, affirment ses découvreurs. Tu te demandes pourquoi on n'est pas certain de leur âge ? Tout simplement parce qu'il reste très difficile de dater avec précision des dinosaures aussi vieux...

Procompsognathus
Ce théropode long de 1,20 m à peine vivait en Allemagne à la fin du Trias. Sa tête allongée était garnie de nombreuses petites dents pointues.

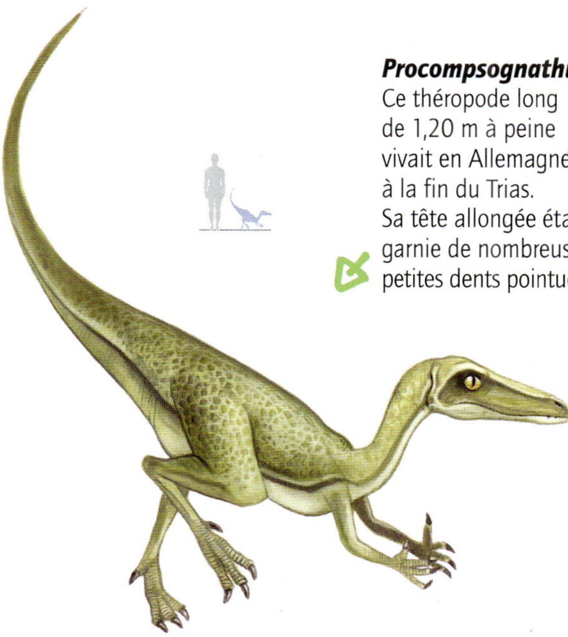

Des empreintes de pas plus vieilles que les os

Si les plus anciens squelettes de dinosaures datent du début du Trias supérieur (220 millions d'années), des empreintes de pas à trois doigts (en particulier en France) remontent au Trias moyen (230 millions d'années). Elles pourraient bien avoir été faites par des dinosaures théropodes... dont on ne connaît pas encore le squelette !

Les prosauropodes : les prédécesseurs

Les prosauropodes forment un groupe de dinosaures herbivores primitifs. Ils vécurent à la fin du Trias et disparurent complètement au cours du Jurassique, il y a environ 180 millions d'années.

À la fin du Trias, les continents étaient encore assemblés en une seule grande masse, la Pangée. Les prosauropodes ont pu ainsi se répandre sur l'ensemble de la planète. Leurs ossements ont été découverts en Europe, en Afrique, en Amérique du Nord et du Sud et en Asie. Tous les prosauropodes avaient des pattes antérieures nettement plus courtes que leurs pattes postérieures. Les paléontologues pensent que les plus menus étaient bipèdes, alors que les gros animaux comme *Plateosaurus* ou *Riojasaurus* étaient plutôt quadrupèdes. Leurs petites dents avaient un peu la forme d'une feuille de ronce. Elles leur permettaient de cisailler les plantes dont ils se nourrissaient.

Massospondylus
Il atteignait une longueur de 4 m et vivait à la fin du Trias. Son squelette a été découvert à la fois en Afrique du Sud et en Amérique du Nord, ce qui confirme que ces deux continents étaient alors en contact : l'océan Atlantique n'existait pas encore.

Anchisaurus
Premier dinosaure découvert en Amérique du Nord dès 1818, on le prit au début pour un homme fossile ! Bien des années plus tard, on se rendit compte que c'était un gracile petit prosauropode de 2,5 m long qui vivait sur ce continent au début du Jurassique. Cet herbivore est aussi le dernier prosauropode connu : il a vécu jusqu'à la fin du Jurassique inférieur, il y a 180 millions d'années.

Plateosaurus
Ce "lézard plat" pouvait atteindre 9 m de long. Il vivait en troupeau à la fin du Trias en Europe. *Plateosaurus* possédait de puissantes griffes aux mains qui lui servaient peut-être à se défendre contre d'audacieux prédateurs. À cause de sa grande taille, il se déplaçait probablement sur quatre pattes. De nombreux squelettes de *Plateosaurus* sont connus en Allemagne, en Suisse et en France.

Lufengosaurus
Il est le premier prosauropode découvert en Chine. Il vivait au début du Jurassique. Les paléontologues chinois ont découvert plus de trente squelettes de ce dinosaure long de 6 m.

Riojasaurus
Découvert en Argentine, il était le plus gros des prosauropodes avec ses 10 m et ses plusieurs tonnes. Cette taille impressionnante le mettait certainement à l'abri des attaques des grands prédateurs de cette époque.

Sang chaud ou sang froid ?

Pour connaître la température interne d'un dinosaure, il suffirait d'avoir sous la main un thermomètre et un dinosaure vivant… Mission impossible ! Les paléontologues émettent cependant quelques hypothèses : les dinosaures étaient des reptiles, et leurs cousins actuels sont des animaux à sang froid. Mais ils sont aussi les ancêtres des oiseaux, animaux à sang chaud ! Alors comment résoudre cette passionnante énigme ?

Gardez votre sang froid !

Plusieurs espèces de dinosaures auraient possédé des sortes de "climatiseurs" qui les aidaient à maintenir une température constante. C'était le cas pour les stégosauridés et leurs grandes plaques osseuses *(voir p. 76-77)*, ou encore pour *Ouranosaurus* et son voile dorsal *(voir p. 116-117)*. Les chercheurs pensent que ces structures étaient parcourues de nombreux vaisseaux sanguins. Pour augmenter leur température interne, ces animaux n'avaient qu'à se mettre au soleil. Les rayons réchauffaient alors rapidement le sang circulant sur les plaques ou dans le voile. À l'inverse, lorsqu'ils avaient trop chaud, ils pouvaient s'installer dans un courant d'air pour se refroidir. C'est ainsi que se comportent les lézards aujourd'hui. Peut-on conclure alors qu'*Ouranosaurus* et *Stegosaurus* étaient des animaux à sang froid ?

Chaud devant !

Les grands sauropodes constituent des cas à part dans le monde des dinosaures. Ils étaient tellement gros que leur température interne mettait un certain temps pour varier en plus ou en moins. Quelle qu'ait été la température extérieure, celle de leur corps devait demeurer à peu près constante. Les paléontologues pensent que les sauropodes étaient des animaux à sang chaud.

Sang tiède

Certains chercheurs se sont rendu compte que les animaux actuels à sang froid possédaient des os différents de ceux à sang chaud. Ainsi, chez les reptiles, l'os montre une structure interne concentrique, avec des anneaux de croissance très comparables à ceux des arbres. En revanche, chez les mammifères, il n'y a pas de stries de croissance de ce type. Les chercheurs ont alors eu l'idée de couper les os des dinosaures pour savoir s'ils étaient semblables à ceux des reptiles ou à ceux des mammifères. Petit problème : ils ont trouvé les deux types d'os… chez le même dinosaure. Conclusion ? On ne sait toujours pas si les dinosaures avaient le sang chaud ou froid ! En fait, il est possible que leur métabolisme n'ait plus d'équivalent dans la nature actuelle.

La température idéale

Afin d'avoir l'énergie nécessaire pour se déplacer et se nourrir, les animaux doivent garder leur corps à température constante. Certains – mammifères et oiseaux – sont à sang chaud : leur température interne est stable quelle que soit la température extérieure. D'autres – reptiles – ont une température interne qui varie avec la température extérieure : elle diminue lorsqu'il fait froid, et augmente sous la chaleur. Ils ne peuvent être actifs que lorsqu'ils atteignent une température idéale.

Le Jurassique : l'âge d'or des dinosaures

La fin du Trias, il y a 205 millions d'années, fut marquée par la disparition de nombreuses familles d'animaux comme la plupart des reptiles mammaliens.

Cette extinction a pu contribuer à l'essor extraordinaire des "terribles lézards" au Jurassique. Ils profitèrent, à cette époque, d'un climat plus humide et de températures bien plus chaudes qu'aujourd'hui. À l'ombre des ginkgos et des fougères arborescentes, vivaient déjà le carnivore *Allosaurus* et le géant *Diplodocus*.

La vie sur les continents

Au Jurassique, le climat est devenu chaud et humide, et la végétation luxuriante. Face aux immenses sauropodes et aux terribles théropodes, les autres animaux, comme les mammifères, ont eu du mal à se faire une place.

Il y a 170 millions d'années, le supercontinent, la Pangée, s'est divisé en deux, donnant naissance à la Laurasie au nord et au Gondwana au sud.

Dans cette forêt de conifères d'Amérique du Nord, l'ornithopode *Camptosaurus* ③ ne peut échapper aux puissantes mâchoires du redoutable *Allosaurus* ④. *Stegosaurus* ⑤, dont la famille, les stégosaures, se développe considérablement à cette époque, se tourne vers les deux animaux, tout en continuant de brouter des fougères. Les principaux herbivores du Jurassique restent les gigantesques *Brachiosaurus* ou *Diplodocus* ⑥. Les ptérosaures, les "reptiles volants" (*Dimorphodon* ②), sont les seuls maîtres du ciel, car il n'existe aucun dinosaure volant. Mais à la fin du Jurassique, de petits dinosaures carnivores couverts de plumes planent

de branche en branche et terrorisent les mammifères. Les oiseaux, "dinosaures volants" (ici *Archaeopteryx* ①), vont désormais disputer le ciel aux ptérosaures !
Les autres animaux apparus au Trias ont peu de place pour vivre. Les mammifères survivent, mais ils demeurent de minuscules animaux à fourrure vivant dans les arbres. Ils ne sortent de leurs cachettes que la nuit pour chasser les insectes.

Les tout premiers lézards, très semblables à ceux d'aujourd'hui, voient le jour au Jurassique. À cette époque également, alors que certains crocodiles vivent dans les cours d'eau, d'autres deviennent des animaux marins.

La vie dans les océans

Si le Jurassique fut sur les continents l'âge d'or des dinosaures, il fut aussi celui des reptiles et des poissons de toutes sortes dans les mers. À cette période, l'océan, la Panthalassa, couvrait plus de la moitié de la planète.

Les fossiles marins les plus caractéristiques du Jurassique sont les ammonites ①, sortes de coquilles spiralées de quelques centimètres à plusieurs mètres de diamètre. Ressemblant aux pieuvres, elles avaient de grands yeux et de nombreux tentacules. Ces prédatrices déchiquetaient leurs proies avec leur puissant bec corné. Dans les fonds marins, évoluaient aussi des bélemnites ②, animaux sans squelette, aux allures de calamars. Les poissons étaient les proies de prédateurs impressionnants comme les requins et les ichthyosaures (ici *Ophtalmosaurus* ③) apparus au Trias. D'autres chasseurs régnaient au fond des océans : les plésiosaures et les pliosaures. Les premiers (*Plesiosaurus* ④) avaient une petite tête et un cou gigantesque. Ils nageaient en pagayant avec leurs ailerons et se nourrissaient de poissons et d'ammonites. Les pliosaures (ici *Liopleurodon* ⑤), plus grands – jusqu'à 12 m de long –, possédaient un cou court et une grosse tête munie d'une immense mâchoire de près de 2 m de long. Ils se nourrissaient aussi de poissons, mais les plus gigantesques s'attaquaient aux ichthyosaures et aux plésiosaures.

Dans le ciel sévissaient d'autres prédateurs, tels les ptérosaures *Rhamphorhynchus* ⑥.

Les ornithopodes : petits et grands

Ces créatures aux "pieds d'oiseau" forment le premier groupe d'ornithischiens. Ces dinosaures herbivores sont apparus au Trias, il y a environ 215 millions d'années. Pour se faire remarquer, ils n'ont rien trouvé de mieux que d'avoir des tailles très variées : certains mesuraient 1 m seulement, pendant que d'autres au contraire, étaient de vrais géants avec leur 15 m de long.

Des ancêtres nains

Au Trias et au début du Jurassique, les premiers ornithopodes étaient de petits animaux de 1 à 2 m de long. Leurs fines dents ressemblaient un peu à des feuilles de menthe. Dans le sud de l'Afrique, on a découvert les squelettes de certains d'entre eux comme *Lesothosaurus* ⑧ (90 cm de long). Ce dernier était doté de membres postérieurs plus puissants que ceux de devant. Il courait certainement très vite sur deux pattes – ainsi que le font certains lézards aujourd'hui – pour échapper à ses prédateurs. *Heterodontosaurus* ①, à peine plus grand (1,20 m environ), possédait trois sortes de dents : des pointues pour découper, des dents postérieures plus grandes pour broyer et d'autres semblables à des défenses de sanglier. Elles ne lui servaient pas à attaquer des animaux, mais plutôt à se défendre ou à gratter le sol à la recherche de racines. Il devait, lui aussi, se déplacer rapidement sur ses pattes de derrière pour fuir l'attaque d'un dinosaure carnivore.

Une croissance exemplaire

Les ornithopodes ont grandi au cours du Jurassique. En même temps, leurs membres antérieurs sont devenus plus robustes, et ils se sont mis à marcher à quatre pattes. Leurs dents se sont aussi développées, ce qui leur permettait de mâcher des feuilles au lieu de simplement les avaler comme les sauropodes et les ornithopodes plus primitifs. À la fin du Jurassique, *Camptosaurus* ② mesurait 6 m de long. Ce premier gros ornithopode vivait en Europe et en Amérique du Nord.

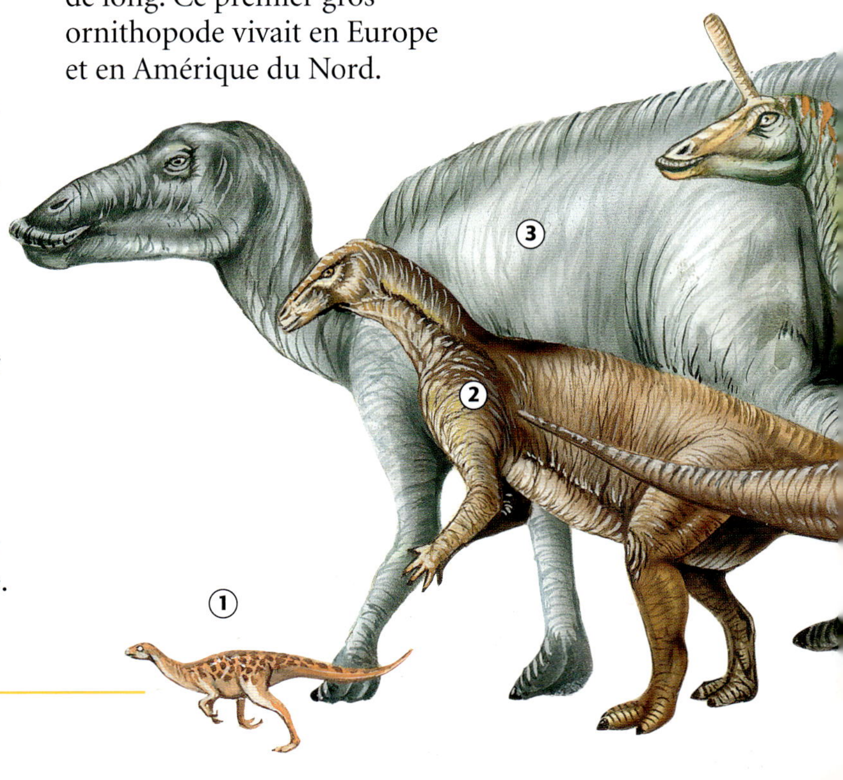

De gros descendants

Au Crétacé, les ornithopodes se sont multipliés et ont encore grossi. Au début de cette période, les iguanodontidés pouvaient mesurer 10 m de long. Contrairement à la plupart des autres dinosaures herbivores, leurs dents aplaties, ressemblant légèrement à celles des vaches, leur permettaient de broyer la végétation dans leur bouche. Au Crétacé supérieur, les hadrosauridés (④ et ⑦) sont devenus le principal groupe de dinosaures. On en connaît plusieurs dizaines d'espèces. Le plus grand d'entre eux *Shantungosaurus* (un hadrosauridé chinois) ③ mesurait 15 m de long. Leur dentition était encore plus efficace que celle des iguanodontidés. Ils mâchaient probablement des plantes très coriaces. Ils sont souvent appelés les "dinosaures à bec de canard". Comme tous les ornithischiens, ils possédaient en effet un bec aplati qui rappelle celui de nos canards. Certains hadrosauridés avaient des têtes étranges ornées de sortes de crêtes aux formes multiples.

Pas si bec que ça !

Sur le modèle des oiseaux, les ornithopodes possédaient un bec corné ; mais contrairement aux os, la corne ne se fossilise pas. Et parce que, tout comme toi, je me posais cette question "comment sait-on alors que les ornithopodes avaient un tel bec ?", je suis allé voir des savants... Ils m'ont répondu que les os de l'avant des mâchoires étaient percés de nombreux trous qui laissaient passer les petits vaisseaux permettant la croissance de la corne. Ce type d'os très particulier, c'est le même que l'on retrouve aujourd'hui sous le bec des oiseaux !

Et les autres

Parmi les ornithopodes, les hypsilophodontidés (⑤ et ⑥) sont restés plus menus (entre 1 et 4 m) jusqu'à la fin du Crétacé. Ils présentaient beaucoup de points communs avec leurs ancêtres du Trias, et les plus petits d'entre eux étaient encore bipèdes.

① *Heterodontosaurus*
② *Camptosaurus*
③ *Shantungosaurus*
④ *Tsintaosaurus*
⑤ *Tenontosaurus*
⑥ *Hypsilophodon*
⑦ *Prosaurolophus*
⑧ *Lesothosaurus*

Les thyréophores : les cuirassés

Les thyréophores regroupent deux catégories de dinosaures ornithischiens herbivores : les stégosaures et les ankylosaures. Dame nature les a affublés de tas de petits os qui poussent çà et là dans la peau. Cet “habit”, qui leur confère un air étrange, est très pratique pour les reconnaître !

Trop forts !

Le plus vieux thyréophore connu, *Scelidosaurus* (“lézard à la jambe remarquable”), vivait au début du Jurassique en Angleterre. Ce dinosaure quadrupède, long de 4 m, possédait des pattes très courtes et atteignait à peine 1 m de hauteur. Son cou, son dos et sa queue étaient recouverts de plusieurs rangées de plaques osseuses.
Bien que certains thyréophores aient atteint des tailles respectables (10 m de long pour *Ankylosaurus* par exemple), ils possédaient tous des dents minuscules, avec lesquelles ils devaient découper les plantes basses qu’ils avalaient avant de les broyer dans leur gésier.

Les stégosaures

Une double rangée de plaques ou d’épines osseuses les recouvrait. Les plus grands mesuraient 10 m de long *(voir p. 76-79)*. Animaux très lents, ils devaient constituer des proies tentantes pour les gros dinosaures carnivores de cette époque.

Ces thyréophores ont été nombreux surtout au Jurassique, et les derniers ont vécu jusqu'au début du Crétacé. Ils ont été remplacés par leurs cousins, les ankylosaures.

Tas os !

Les "ostéodermes" des thyréophores étaient des os qui poussaient à la surface de la peau de ces animaux. Ce n'est pas un cas unique dans le règne animal : ce véritable squelette externe existe aujourd'hui chez les crocodiles ou chez les tatous, et bien sûr, poussé à un degré extrême, chez les tortues. Comme chez ces animaux, les plaques d'os des thyréophores étaient sans doute recouvertes de corne.

Les ankylosaures

Apparus dès le Jurassique, ils ont existé jusqu'à la fin du Crétacé. Les plus grands atteignaient 10 m de long, les plus petits moins de 3 m. Tous possédaient de nombreuses rangées de plaques et d'épines osseuses qui recouvraient leur cou, leur dos et leurs flancs. Comme leurs cousins, ils étaient lourds et ne se déplaçaient que très lentement. Mais leur carapace les protégeait certainement contre les attaques des prédateurs, à l'instar des tortues aujourd'hui.

Les ankylosaures comprennent deux familles : les ankylosauridés *(voir p. 144-145)*, qui possédaient une grosse massue en os au bout de leur queue, et les nodosauridés *(voir p. 118-119)*, qui étaient dépourvus de cette massue mais munis de redoutables épines osseuses sur les épaules.
Un ankylosaure australien, *Minmi*, présente des caractères intermédiaires et ne peut pour l'instant être "rangé" dans aucune des deux familles.

1 *Nodosaurus*
2 *Ankylosaurus*
3 *Saichania*
4 *Polacanthus*
5 *Minmi*
6 *Talarurus*
7 *Scelidosaurus*
8 *Kentrosaurus*

Les stégosauridés

Premier grand groupe de thyréophores, les stégosauridés sont facilement identifiables grâce à la double rangée de plaques osseuses qui recouvrait leur dos. De formes variées, ces plaques permettent aux paléontologues de distinguer les différents membres de la famille.

Ces animaux massifs atteignaient 7 à 8 m de long. Leurs membres antérieurs étaient deux fois plus courts que leurs membres postérieurs. À quatre pattes, leur dos penchait vers l'avant et leur tête, disposée près du sol, leur permettait de brouter une végétation basse. Peut-être pouvaient-ils occasionnellement se dresser sur leurs puissantes pattes de derrière pour s'emparer de feuilles à plusieurs mètres du sol. Leur tête était minuscule par rapport à la taille de leur corps. Comme tous les ornithischiens, les stégosauridés avaient un bec corné et de minuscules dents, en forme de petites feuilles, inefficaces pour mâcher leur nourriture. Ils devaient donc avaler des pierres pour pouvoir broyer leurs aliments *(voir p. 59)*.

Lexovisaurus
Le "lézard de Lisieux" (ville du nord-ouest de la France) de 5 m de long vivait à la fin du Jurassique. Ses plaques étaient plus petites que celles de *Stegosaurus*, et des épines ornaient le bout de sa queue. Comme d'autres stégosaures, *Lexovisaurus* portait aussi de grandes épines qui protégeaient ses épaules.

Huayangosaurus
Le plus ancien stégosaure connu vivait en Chine au milieu du Jurassique. Il possédait de toutes petites plaques triangulaires et des épines au bout de la queue. *Huayangosaurus* mesurait environ 4 m de long.

Plaques chauffantes ou défensives ?

Je me suis longtemps interrogé sur l'utilité des plaques osseuses chez les stégosauridés… Si lesdites plaques revêtaient des formes très variées selon les espèces, j'ai supposé qu'elles n'avaient donc pas forcément la même fonction chez chacune d'entre elles. Les longues épines de *Kentrosaurus* pouvaient être, par exemple, un moyen de défense efficace ; les immenses plaques de *Stegosaurus* devaient servir de véritable climatiseur.
Entre ces deux fonctions, tous les intermédiaires existaient : les plaques servaient peut-être à la fois de "clim" et de protection chez la plupart des stégosauridés.

Kentrosaurus
Le "lézard épineux" vivait en Afrique orientale il y a 150 millions d'années. D'une longueur de 5 m environ, il était recouvert de plaques dont la plupart avaient la forme d'une longue pointe orientée vers l'arrière. Elles devaient servir d'armure contre les dinosaures carnivores, un peu comme les épines des porcs-épics.

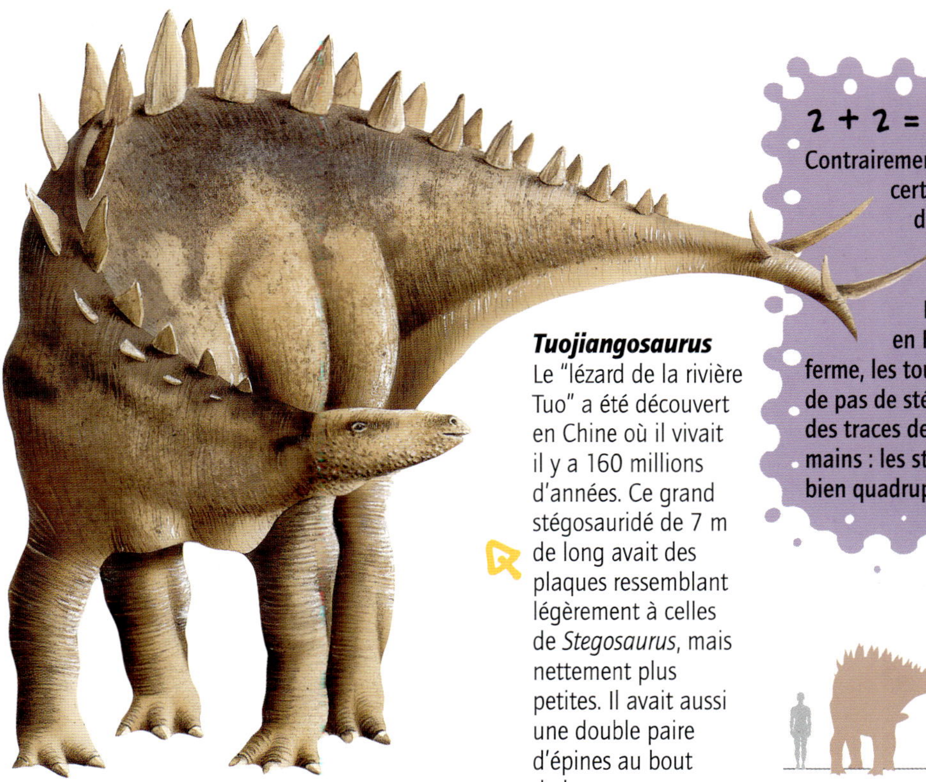

Tuojiangosaurus
Le "lézard de la rivière Tuo" a été découvert en Chine où il vivait il y a 160 millions d'années. Ce grand stégosauridé de 7 m de long avait des plaques ressemblant légèrement à celles de *Stegosaurus*, mais nettement plus petites. Il avait aussi une double paire d'épines au bout de la queue.

2 + 2 = 4

Contrairement à ce que soutenaient certaines théories du début du XXe siècle, les stégosauridés étaient beaucoup trop lourds pour être bipèdes. En 1995, on a découvert en France, dans la cour d'une ferme, les toutes premières empreintes de pas de stégosaures. La piste présente des traces de pieds et des traces de mains : les stégosaures étaient donc bien quadrupèdes !

Stegosaurus

Le plus connu des stégosauridés vivait en Amérique du Nord il y a 150 millions d'années. Comme tous les membres de sa grande famille, il se nourrissait certainement d'une végétation basse. Peut-être, avec son fin museau, sélectionnait-il certaines nourritures, tels que des fruits ou les grosses fleurs charnues des cycas ?

Ce squelette de *Stegosaurus* a été découvert aux États-Unis.

Aïe, ça pique !

Plus grand que ses cousins, *Stegosaurus* pouvait atteindre 10 m de long. Il possédait d'énormes plaques osseuses de forme triangulaire, qui mesuraient jusqu'à 1 m de haut. Si elles ne constituaient pas un bouclier efficace contre les assauts des carnivores, elles avaient une fonction tout à fait extraordinaire. Au bout de sa queue, ce dinosaure avait également deux paires de longues épines qui rappelaient douloureusement aux prédateurs que des proies plus faciles pouvaient exister !

Radiateur ou réfrigérateur ?

Les paléontologues se sont aperçus que les plaques de *Stegosaurus* étaient parcourues de nombreuses stries, traces sans doute de vaisseaux sanguins. En s'exposant au soleil, *Stegosaurus* augmentait ainsi très vite sa température corporelle, en faisant circuler du sang à la surface de ses plaques. À l'inverse, s'il s'installait dans un courant d'air, sa température diminuait rapidement. Ses plaques auraient donc agi comme une véritable climatisation *(voir aussi p. 64-65)*. Et c'est peut-être grâce à ses immenses plaques de couleur vive, que ce lourd animal, extrêmement lent, dissuadait les carnivores de s'attaquer à lui.

Pas si bête !

Stegosaurus avait un cerveau minuscule. Le paléontologue O. C. Marsh a pu calculer son poids en moulant la cavité cérébrale : 80 g de cerveau pour faire fonctionner plus de 2 tonnes de muscles, l'équivalent d'une noix !

Une histoire de plaques

Les paléontologues ont longtemps tergiversé pour savoir comment les plaques de *Stegosaurus* étaient disposées. Son nom "lézard à toit" a été choisi en 1891 par son découvreur, O. C. Marsh, qui pensait que les plaques étaient assemblées dans un plan horizontal, comme des tuiles ou des ardoises. Elles auraient donc formé une sorte de toit au-dessus de l'animal. De nouvelles découvertes au cours du XXe siècle ont montré que les plaques étaient en réalité verticales, et qu'elles étaient disposées de manière alternée.

En revanche, sa moelle épinière s'élargissait considérablement au niveau du bassin, où existait une cavité vingt fois plus grande que le cerveau ! On a pensé alors que *Stegosaurus* avait deux cerveaux. En réalité, cette cavité servait probablement de relais nerveux : un endroit où se réunissaient les nerfs de la queue et des pattes de derrière. Ce n'était donc pas un véritable deuxième cerveau. De plus, beaucoup d'animaux actuels semblent accumuler de la graisse à cet endroit, et c'était peut-être aussi le cas de *Stegosaurus*. Alors était-il stupide ? Difficile de répondre. En tout cas, les stégosauridés ont vécu pendant des dizaines de millions d'années, bien plus longtemps que notre propre espèce à gros cerveau : *Homo sapiens* n'a que 200 000 ans.

Reproduction et ponte

Les dinosaures ne dérogeaient pas à la règle : pour perpétuer leur espèce, ils devaient se reproduire et ils y consacraient certainement une grande partie de leur temps. Comme tous les reptiles, les dinosaures étaient ovipares, c'est-à-dire qu'ils pondaient des œufs.

La parade nuptiale

Certains dinosaures – les cératopsiens, les pachycéphalosaures ou les hadrosaures – avaient une ornementation particulière sur le crâne : des cornes, une collerette ou une crête. Les mâles utilisaient peut-être ces "armes" durant les affrontements qui précédaient l'accouplement avec les femelles. Cette parade nuptiale devait se dérouler sur le modèle de celle de nos bœufs musqués ou de nos béliers : à coups d'immenses cornes (pour *Triceratops*) ou à coups de grosse tête épaisse (pour *Pachycephalosaurus*). Après de rudes combats, les mâles vainqueurs rejoignaient les femelles, tandis que les perdants battaient en retraite.

Questions intimes

Un autre instrument est indispensable pour l'accouplement… : le pénis. Les dinosaures mâles possédaient probablement un pénis rétractable, comme les crocodiles ou comme certains oiseaux. Nous ne savons malheureusement pas à quoi ressemblait le sexe des dinosaures, car il ne se fossilise pas. Toutefois, quelques chercheurs se sont penchés avec beaucoup d'intérêt sur cette question. Ils en ont conclu que le sexe des dinosaures devait être proche de celui des canards et en forme de tire-bouchon ! Mais nous n'en saurons peut-être jamais plus…

Attention, fragile !

Tous les dinosaures, même les plus gigantesques, pondaient des œufs. Mais la taille de ces œufs n'était pas proportionnelle à celle de la mère. La plupart mesuraient entre 10 et 20 cm de long. Les plus gros connus atteignaient les 60 cm. Pour les biologistes, le volume de l'œuf ne devait pas dépasser 10 litres. Au-delà, la coquille aurait été tellement épaisse (pour ne pas se briser), que le bébé n'aurait pas eu la force de tout casser pour sortir.

Nurseries

En période de ponte, les femelles se rassemblaient dans un lieu propice et calme. Les paléontologues pensent qu'elles revenaient pondre chaque année au même endroit, car ils ont retrouvé des gisements montrant plusieurs niveaux d'œufs superposés dans les roches. Ils supposent aussi qu'elles pondaient de nombreux œufs : on en a découvert des dizaines dans un même nid et des dizaines de nids fossilisés sur le même site. Les aires de ponte devaient être très vastes et mesurer plusieurs hectares. Différentes espèces de dinosaures s'y retrouvaient probablement. Ces mères, en pondant ensemble, protégeaient ainsi leurs futurs bébés des multiples prédateurs par l'odeur alléché !

Œufs durs

Les œufs de dinosaures ont pu se fossiliser car leur coquille était épaisse et solide – contrairement aux œufs de poules. Ces œufs fossiles sont cependant souvent écrasés et déformés… et la plupart du temps, on ne retrouve que des morceaux de coquille (ci-contre).

Il a donc fallu mettre au point une méthode pour reconstituer les œufs : une sorte de puzzle en trois dimensions. Cette technique a ainsi permis de calculer le volume des œufs découverts dans le sud de la France et d'avoir une idée plus précise de leur forme : ceux-ci ressemblaient assez, en taille et en forme, à des œufs d'autruche.

Joyeuses Pâques !

C'est dans le sud de la France que les œufs fossiles de dinosaures ont été découverts pour la première fois, en 1859. Depuis, d'autres ont été extraits de la roche dans de nombreux pays : en Chine, en Mongolie dans les années 1920, aux États-Unis, au Canada, en Espagne, au Portugal, en Argentine et en Roumanie.

Bébé deviendra grand

Sans aucune preuve scientifique, il est difficile de savoir comment les bébés vivaient les premières heures de leur vie et même leurs premiers mois sur Terre. Étaient-ils dorlotés par leurs mères ou abandonnés dans la nature dès la naissance ?

Tout petit bébé

Les immenses sauropodes pondaient une vingtaine d'œufs de 20 cm de diamètre seulement qu'ils enfouissaient sous des tas de végétaux. En fermentant, la végétation produisait de la chaleur qui maintenait les œufs bien au chaud jusqu'à l'éclosion. À la naissance, les bébés, une fois dépliés, mesuraient environ 80 cm de long et pesaient entre 3 et 5 kg : 10 000 fois moins que leur mère !

Les mauvaises mères

Les relations entre la mère et les nouveaux-nés différaient certainement selon les espèces. Pour certains dinosaures, comme *Troodon* par exemple, cet instinct maternel s'arrêtait à la ponte. Les mères abandonnaient leurs œufs et, dès l'éclosion, les petits devaient se débrouiller seuls pour survivre et trouver leur nourriture. Mais très vulnérables dans un monde hostile, ils n'étaient pas à l'abri des attaques des prédateurs.

Longévité inconnue

Il n'est très pas facile d'avoir une idée précise de la durée de vie des dinosaures. Tu sais certainement que dans un groupe zoologique donné, la longévité est proportionnelle à la taille. Ainsi les tortues peuvent vivre plus de 100 ans et les éléphants 70 ans. Il serait tout à fait possible donc que les plus grands dinosaures aient atteint des records de longévité : peut-être plusieurs siècles ! Incroyable, non ? Quant aux petits dinosaures, leur durée de vie était sans doute bien plus courte : 10 à 20 ans.

Les bonnes mères

Certains dinosaures, tel *Oviraptor*, couvaient leurs œufs jusqu'à l'éclosion. D'autres encore, comme l'hadrosauridé *Maiasaura*, "le lézard bonne mère", nourrissaient leurs petits dans le nid pendant plusieurs semaines voire plusieurs mois. Un paléontologue américain a découvert sur une aire de ponte des squelettes de bébés *Maiasaura* d'environ 1 m de long. Vu cette taille, ils étaient certainement âgés de plusieurs mois car, à la naissance, *Maiasaura* ne mesurait pas plus de 35 cm.

Échographie d'un œuf

Lorsque les paléontologues découvrent des œufs fossilisés de dinosaures, ils se posent immédiatement la question : "Qui a pondu ces œufs ?" Pour le savoir, ils recherchent des embryons fossilisés à l'intérieur des œufs. S'ils ont le nom du dinosaure embryonnaire, ils auront évidemment celui de sa mère. Mais ce type de "trouvaille" reste aujourd'hui rarissime car les os des embryons sont fragiles et se conservent difficilement. Quelques paléontologues chanceux ont cependant eu l'heureuse surprise d'observer un embryon à l'intérieur d'un œuf : c'est le cas au Portugal et en Mongolie où des embryons d'*Oviraptor* ont été découverts.

Croissance sans fin

Dès les premiers mois de leur vie et pendant leurs jeunes années, les petits dinosaures grandissaient très rapidement. Puis, tout au long de leur existence et jusqu'à leur mort, ils continuaient de grandir, mais beaucoup plus lentement. D'ailleurs il n'y avait pas que leur taille qui évoluait sans cesse : leurs dents aussi poussaient tout le temps, comme celles des reptiles actuels. Cela constituait un avantage certain car, une fois usée, la dent tombait et était bientôt remplacée par une nouvelle dent.

Les brachiosauridés et les camarasauridés

Les brachiosauridés et les camarasauridés ont dû probablement se rencontrer car ces très lourds quadrupèdes vécurent à la même époque, à la fin du Jurassique et au début du Crétacé. Certains d'entre eux fréquentaient aussi le même continent : l'Amérique du Nord.

Les membres de ces deux familles figuraient parmi les plus grands dinosaures de tous les temps : 18 à 30 m de long ! Cette taille leur permettait de se nourrir d'une végétation haute, très haute. Les brachiosauridés broutaient à une hauteur comprise entre 8 et 12 m – correspondant au 3e ou 4e étage d'un immeuble ! Quant aux camarasauridés, ils se contentaient de racler les arbres entre 5 et 6 m.

Ces espèces possédaient un crâne haut et des dents en forme de cuillère. Elles avaient également une caractéristique étrange : des narines situées au-dessus des yeux. Ainsi, lorsque ces herbivores s'avançaient au milieu des feuilles et des branches d'arbres, aucune ne venait s'enfoncer dans leur nez. Les brachiosauridés se distinguent des autres sauropodes (y compris des camarasauridés) par leurs immenses bras, plus longs que leurs jambes. Cette particularité leur a valu le nom de "lézards à bras". L'humérus (os supérieur de la patte avant) de *Brachiosaurus* est en effet aussi grand, voire plus grand, que son fémur (os de la cuisse) ! Ils avaient donc les épaules très hautes par rapport à celles des camarasauridés.

Brachiosaurus
Le plus gros de tous les brachiosauridés vivait en Afrique et en Amérique du Nord à la fin du Jurassique. Son poids, estimé à 80 t, correspondrait à celui de dix éléphants ! Des paléontologues américains avaient baptisé *Ultrasaurus* un autre brachiosauridé encore plus gros et connu par seulement quelques os. Ils pensent désormais qu'il s'agit d'un énorme *Brachiosaurus* long de plus de 30 m.

Camarasaurus

Son nom "lézard à chambre" est dû aux cavités qui allégeaient ses vertèbres. Il vivait à la fin du Jurassique en Amérique du Nord. Il atteignait 18 m de long. Sa principale caractéristique était son cou, relativement court comparé aux autres sauropodes.

Cedarosaurus

Au début du Crétacé, il y a 125 millions d'années, vivait le "lézard du cèdre". Ses ossements, découverts en 1999 dans l'Utah (États-Unis), ont été extraits de roches appelées "la formation de la montagne aux cèdres". Ce brachiosauridé mesurait plus de 20 m de longueur.

Le cou de la girafe et le coup du lapin

Brachiosaurus est souvent représenté avec un cou de girafe qui démarre verticalement au-dessus des épaules. Mais des paléontologues ont récemment remarqué que dans une telle position, le malheureux dinosaure aurait bien souffert. Autrement dit, il se serait brisé les vertèbres cervicales (le fameux "coup du lapin" !). La véritable position du cou de *Brachiosaurus* doit donc être oblique, c'est-à-dire plus verticale que chez les autres sauropodes.

Aragosaurus

Une partie du squelette du "lézard de l'Aragon" a été découverte dans cette région espagnole. Il aurait mesuré 18 m de long environ et vivait au début du Crétacé. C'est parce que l'Amérique du Nord et l'Europe étaient toujours en contact à cette époque – alors que l'Afrique était déjà isolée –, que l'on a retrouvé des camarasauridés dans ces deux régions du monde. Mais ce sera l'une des dernières fois que l'on découvrira les mêmes animaux sur ces continents, car ceux-ci ont commencé à se séparer au cours du Crétacé.

Les diplodocidés

Avec leur immense queue en forme de fouet et leur cou sans fin, les diplodocidés figurent parmi les plus grands dinosaures herbivores de la fin du Jurassique. À cette époque, les continents du Nord et du Sud s'éloignaient progressivement les uns des autres. Ces gigantesques animaux avaient élu domicile en Amérique du Nord (excepté l'original *Barosaurus*) !

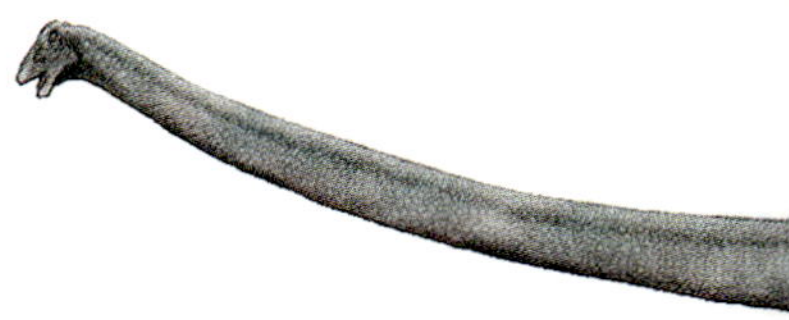

Ces énormes dinosaures sauropodes mesuraient plus de 20 m de long. Leur cou très allongé leur permettait de brouter les arbres à plusieurs mètres de hauteur. Leur tête minuscule était garnie de longues dents semblables à des crayons qu'ils utilisaient comme un peigne pour effeuiller les branches, avalant ensuite les feuilles et les fruits. Les diplodocidés devaient se nourrir également de fougères arborescentes, de cycas et de ginkgos. La puissante griffe qu'ils possédaient à chaque main leur servait peut-être à gratter le sol pour déterrer des racines ou à infliger des blessures à d'imprudents prédateurs. Certains chercheurs pensent que les diplodocidés pouvaient se redresser sur leurs pattes de derrière pour impressionner les gros dinosaures comme *Allosaurus*. Ils atteignaient alors la hauteur d'un immeuble de cinq étages… De quoi dissuader les carnivores les plus affamés !

Qui dépasse le mur du son ?

Écoute bien cette petite histoire : deux chercheurs américains ont avancé l'idée que la très longue queue d'*Apatosaurus* pouvait claquer comme un fouet. Ils ont calculé que l'extrémité (de plusieurs mètres) de la queue de ce dinosaure, projetée violemment, pouvait atteindre une vitesse de 540 m/s : c'est au-delà du mur du son (350 m/s) ! Ce claquement de queue effrayait sans doute les prédateurs… En revanche, il est peu probable qu'*Apatosaurus* ait frappé ses adversaires avec cette longue queue trop fragile. Fracassant, non ?

Seismosaurus

Le "lézard tremblement de terre" est le plus long des dinosaures connus actuellement. En 1986, des paléontologues américains ont découvert au Nouveau-Mexique (États-Unis) de nombreux éléments de sa colonne vertébrale et de son bassin. D'après leurs estimations, *Seismosaurus* aurait mesuré entre 35 et 50 m de long !

Barosaurus

Il mesurait environ 25 m de long.
Bien que proche du *Diplodocus*, son cou était relativement plus long (9 m) et sa queue plus courte que celle de son cousin. Quelques os ressemblant à ceux de *Barosaurus* ont été découverts en Tanzanie (Afrique) : il s'agit du seul diplodocidé connu de nos jours hors de l'Amérique du Nord.

Supersaurus

Cet autre diplodocidé géant des États-Unis est connu seulement par quelques os.
Il aurait aussi dépassé les 30 m de long.
Certains chercheurs pensent qu'il s'agit simplement d'un grand *Diplodocus*.

Apatosaurus

Ce "lézard trompeur" était un diplodocidé moins long (22 m) et plus robuste que *Diplodocus*. Son poids serait équivalent à celui de six éléphants adultes. Il est plus célèbre sous le nom de *Brontosaurus*. En effet, en 1877, le paléontologue O. C. Marsh découvrit de nombreux ossements d'un nouveau dinosaure. Il le baptisa *Apatosaurus*. En 1879, à partir d'autres ossements, il décrivit *Brontosaurus*. Plusieurs dizaines d'années plus tard, des chercheurs trouvèrent un squelette entier d'*Apatosaurus*. Ils s'aperçurent alors que ses os étaient exactement semblables à ceux de *Brontosaurus*. Ce dernier est par conséquent un *Apatosaurus*, dénomination que l'on doit employer de préférence !

Diplodocus

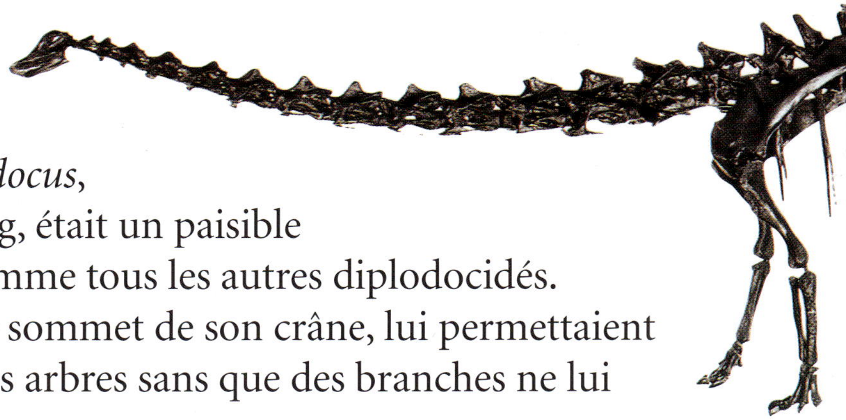

Le gigantesque *Diplodocus*, avec ses 27 m de long, était un paisible cueilleur de feuillages comme tous les autres diplodocidés. Ses narines, situées sur le sommet de son crâne, lui permettaient d'enfoncer sa tête dans les arbres sans que des branches ne lui chatouillent le nez !

Voyage de groupe

Diplodocus se déplaçait en troupeaux qui migraient constamment à la recherche de nourriture. On imagine sans peine les dégâts causés à la végétation lorsque plusieurs dizaines de ces géants s'attaquaient à un coin de forêt ! Une fois les arbres "ratissés", les *Diplodocus* s'éloignaient vers une zone encore vierge. Ces animaux colossaux ne pouvaient probablement pas courir et leurs déplacements s'effectuaient à un rythme très lent. Leur meilleure arme contre les dinosaures carnivores : leur taille, dissuasive même pour les plus téméraires d'entre eux.

Un cadeau de milliardaire

Au début du XXe siècle, le milliardaire américain Carnegie, passionné de paléontologie, offrit aux principaux musées du monde un moulage en plâtre d'un *Diplodocus* découvert aux États-Unis. Avec ses 26 m de long, c'était alors le plus grand dinosaure connu. Rois et présidents de la République se rendirent aux inaugurations, qui rencontrèrent un immense succès populaire. Aujourd'hui, on peut encore voir ces squelettes dans les musées d'histoire naturelle de Londres, Berlin, Bologne, Paris, Vienne, La Plata ou Mexico...

L'invention du fouet

Avec ses 10 m de long et ses quatre-vingts vertèbres, la queue de *Diplodocus* devait fouetter l'air à une vitesse dépassant le mur du son. Le bruit effrayant ainsi produit faisait certainement fuir les éventuels prédateurs ou bien chasser les nombreux insectes qui accompagnaient ces sauropodes dans tous leurs déplacements. En effet, la peau de ces grands dinosaures était probablement habitée par d'innombrables parasites qui servaient de nourriture aux insectes, aux petits ptérosaures et peut-être même aux tout premiers oiseaux.

Drôle d'architecture

Le squelette de *Diplodocus* peut être comparé à un pont suspendu... Les pattes représentent les piles du pont, et la colonne vertébrale joue le même rôle que les câbles qui soutiennent la route. Elle supporte ainsi le poids du corps. De part et d'autre, le cou et la queue font contrepoids. Les architectes modernes n'ont fait que réinventer les dinosaures sauropodes en construisant leurs ponts !

Les épines de Diplodocus

En 1990, un paléontologue américain travaillait dans une carrière où un squelette de *Diplodocus* avait été découvert au début du siècle. Les traces de l'extraction du squelette étaient encore visibles. Il s'aperçut alors que ses prédécesseurs avaient "omis" un détail... À l'endroit où avait été extraite la colonne vertébrale de *Diplodocus*, il remarqua de curieux fossiles, en forme de crête. Après les avoir soigneusement étudiés, il conclut qu'il s'agissait de restes fossilisés de grosses écailles qui se trouvaient sur le cou, le dos et la queue de l'animal. Le dinosaure possédait donc une sorte de crête dorsale, comme les iguanes, et personne ne s'en était aperçu jusque-là !

Les euhelopodidés

Cette famille de gigantesques dinosaures herbivores chinois vécut au Jurassique et au tout début du Crétacé. Apparemment, ils ne furent pas de très grands “migrateurs”, car les paléontologues n’ont jamais découvert d’euhelopodidés hors d’Asie !

Pendant 50 millions d’années, tous les sauropodes asiatiques furent probablement des euhelopodidés. La plupart ont été découverts en Chine, mais aussi dans d’autres pays asiatiques comme la Thaïlande.
Les euhelopodidés avaient un crâne assez court, muni de grosses dents en forme de cuiller, avec lesquelles ils devaient “ratisser” les branches des conifères dont ils se nourrissaient.

Omeisaurus
Le “lézard du Mont Omei” (montagne sacrée de la province du Sichuan) pouvait atteindre une vingtaine de mètres de long. Comme son cousin *Shunosaurus* retrouvé dans la même carrière de Dashanpu, il possédait une massue osseuse en forme de fuseau au bout de la queue.

Shunosaurus
Euhelopodidé de taille moyenne (environ 10 m de long), le “lézard de Sichuan” est l’un des rares sauropodes connus à avoir possédé une sorte de massue osseuse au bout de la queue, un peu comme les ankylosauridés. Cette massue, munie de deux petites épines, aurait pu lui servir à éloigner les prédateurs.

Euhelopus
Le paléontologue suédois Wiman, qui le baptisa "le vrai pied du marécage", pensait que les pieds de ce sauropode de 10 m de long avaient la même fonction que les raquettes que nous utilisons pour marcher sur la neige : ils étaient très élargis et lui évitaient de s'enfoncer dans la boue. Les ossements d'*Euhelopus* ont été découverts en Chine, dans la province de Shandong par un paléontologue autrichien.

Dinostory

Pendant une grande partie de l'ère secondaire, un morceau de l'actuelle Russie était recouverte par la mer ouralienne. Plus aucune liaison terrestre n'existait entre l'Europe et l'Asie. Les dinosaures asiatiques se retrouvèrent alors coupés du reste du monde et évoluèrent isolés de leurs cousins. À la fin du Jurassique, ils étaient devenus très différents. Tous les dinosaures que l'on retrouve en Asie à cette époque sont inconnus sur les autres continents ! Au début du Crétacé, cette mer s'est retirée et de nombreux dinosaures d'Europe en ont profité pour migrer vers les pays d'Asie. Concurrençant les espèces présentes dans cette région du monde, la plupart des dinosaures asiatiques ont disparu : c'est le cas des euhelopodidés.

Mamenchisaurus
Le "lézard de Mamenchi", le plus grand des euhelopodidés avec ses 24 m de longueur, était un dinosaure très inhabituel : son immense cou de 10 m de long représentait près de la moitié de sa longueur totale et serait presque trois fois plus grand que celui de la girafe ! L'extraction de son squelette, dans la province de Sichuan, a duré plus de trois mois...

Un gisement exceptionnel

Dashanpu est situé dans la province du Sichuan, au sud de la Chine. Depuis 1977, les paléontologues chinois ont fouillé 2 800 m^2, et ont découvert tellement de squelettes d'euhelopodidés (en particulier *Omeisaurus* et *Shunosaurus*) qu'ils ont construit sur le gisement le premier musée des dinosaures d'Asie.

Sur la trace des dinosaures

Lorsqu'un dinosaure mourait, il ne laissait que son squelette, qui n'avait guère de chance de se fossiliser. Toutefois, au cours de sa vie, il produisait des millions d'empreintes de pas. De multiples traces sont visibles dans les roches de l'ère secondaire un peu partout dans le monde. Ces fossiles extraordinaires permettent de reconstituer quelques secondes ou quelques minutes de la vie des dinosaures.

La fossilisation des empreintes

Il faut des circonstances bien particulières pour que des traces de pas se fossilisent. Lorsque des dinosaures marchaient sur les berges d'un lac, par exemple, ils laissaient leurs empreintes dans une boue très fine. Si une nouvelle couche de boue se déposait juste après leur passage, elle recouvrait ces traces, qui pouvaient alors se fossiliser. On découvre parfois de véritables pistes fossilisées, qui donnent des indices précieux sur les déplacements du même dinosaure sur plusieurs centaines de mètres.

Une vie en famille

L'étude de ces fossiles nous apprend que certains dinosaures vivaient en groupe. Les paléontologues retrouvent souvent des pistes parallèles d'animaux de la même espèce qui se déplaçaient dans une direction identique. Il s'agit là probablement de traces d'un troupeau au bord d'un lagon. Dans quelques cas, de petites empreintes de sauropodes sont entourées par des traces plus importantes. C'est la preuve que les adultes encadraient les plus jeunes au cours de leurs migrations, sans nul doute pour les protéger des attaques des carnivores.

Empreintes de sauropodes sur une falaise de Bolivie.

Le pied du dinosaure

Si l'on ne sait jamais précisément à quelle espèce de dinosaures appartiennent telles ou telles traces fossiles, on sait en revanche quelle est la grande famille qui les a produites. Les bipèdes

Hauts sur pattes

C'est grâce aux empreintes de pas que nous savons que les dinosaures ne rampaient pas et qu'ils tenaient leur queue plutôt à l'horizontale. S'ils avaient marché comme de gros lézards, ou si leur queue avait traîné par terre, il y aurait eu un profond sillon, creusé par leur abdomen et leur queue, entre les empreintes des pattes. Or, aucune trace de ce genre n'est visible sur les pistes de dinosaures...

laissaient uniquement des empreintes de pied. Les quadrupèdes produisaient à la fois des traces de pied et de main. Celles des théropodes sont reconnaissables à leurs trois doigts terminés par la marque pointue de leurs griffes acérées. Quant aux empreintes tridactyles des ornithopodes, elles se terminent par la trace arrondie de leurs sabots. Chez les quadrupèdes, il est même fréquent de découvrir de grosses empreintes circulaires larges parfois de 1 m ! Elles appartiennent, bien sûr, aux pieds des énormes sauropodes. Et plus l'animal est gros, plus la trace est belle !

Empreintes de théropodes aux États-Unis.

L'allure des dinosaures

Comme des trappeurs, les scientifiques mesurent chaque trace pour déterminer la taille de l'animal, mais aussi la vitesse à laquelle il se déplaçait. Plus les enjambées sont longues, plus le dinosaure allait vite. La plupart des traces sont celles d'animaux marchant au pas, entre 3 et 6 km/h. On connaît aussi une piste laissée par un petit dinosaure carnivore qui courait à 40 km/h. Ce ne sont pas, bien entendu, les vitesses maximales que pouvaient atteindre ces animaux. Pour les déterminer, les paléontologues doivent employer des formules mathématiques.

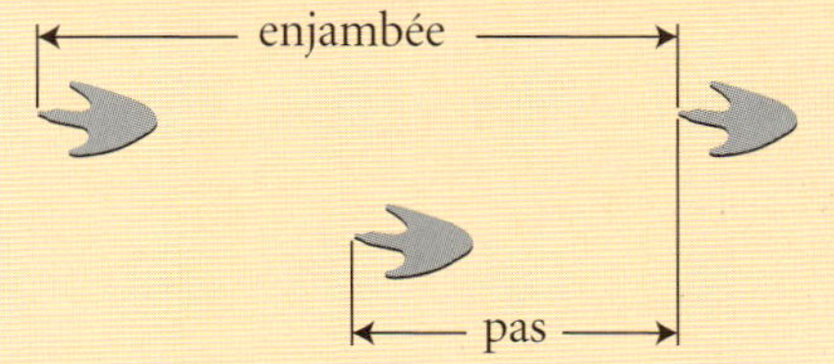

Archaeopteryx et l'origine des oiseaux

Le plus ancien oiseau fossile a été découvert en 1861, en Allemagne, dans des roches datant de la fin du Jurassique (il y a 140 millions d'années environ). En étudiant la “vieille plume”, les paléontologues ont tenté de comprendre les relations qui existent entre les oiseaux et les dinosaures.

Une découverte fascinante

Les squelettes d'*Archaeopteryx* sont rares (sept exhumés à ce jour). Ils proviennent tous d'une roche calcaire, dont le grain très fin permet la conservation de détails inhabituels, tels des empreintes de peau. *Archaeopteryx*, qui avait la taille d'une pie, était recouvert de plumes fort semblables à celles de nos oiseaux actuels et des autres oiseaux fossiles dont les plumes ont été préservées. Il possédait cependant des caractères inconnus chez nos oiseaux : de petites dents pointues, et surtout une longue queue constituée de vertèbres, ainsi que des griffes acérées aux doigts de la main. C'était donc un surprenant mélange d'oiseau et… de dinosaure carnivore.

Oiseaux ou dinosaures ?

Toutes ces ressemblances ont conduit certains paléontologues, à la fin du XIXᵉ siècle, à supposer que les oiseaux descendaient de petits dinosaures carnivores comme *Compsognathus*. (À cette époque, aucun ossement de dromæosauridé n'avait encore été découvert. *Compsognathus* était le seul petit théropode connu. Jusqu'à la découverte des dromæosauridés au XXᵉ siècle, les oiseaux furent donc comparés à *Compsognathus*).

(1) *Procompsognathus*
(2) *Sinosauropteryx*
(3) *Sinornithosaurus*
(4) *Archaeopteryx*

Longtemps contestée, cette hypothèse a été confirmée depuis quelques années par la découverte en Chine de fossiles exceptionnels âgés d'environ 125 millions d'années *(voir p. 146-147)*. L'un d'entre eux, *Sinosauropteryx*, était un petit dinosaure carnivore long de plusieurs dizaines de centimètres. Proche cousin de *Compsognathus*, il possédait de nombreux filaments qui recouvraient son corps, sortes d'écailles très allongées formant une crête le long de son arête dorsale. Cette découverte montre que certains dinosaures possédaient donc des "proto-plumes"... *Sinosauropteryx* serait donc un proche parent des oiseaux.

De l'écaille à la plume

La plume des oiseaux aurait évolué à partir d'une écaille de reptile. Ce processus s'est produit lentement, sur des centaines de milliers de générations et sur des millions d'années. Chez certains dinosaures carnivores semblables à *Sinosauropteryx*, les écailles s'allongèrent et formèrent alors des sortes de filaments qui ont dû leur servir d'isolant thermique. Cette solution se révéla si efficace, que ces animaux-là furent avantagés au cours du lent processus de sélection naturelle : ils étaient en effet mieux adaptés à leur environnement que ceux qui étaient simplement couverts d'écailles. Milliers d'années après milliers d'années, de véritables plumes apparurent chez des dinosaures carnivores, comme les ancêtres d'*Archaeopteryx*. Si elles ne leur permettaient pas de voler – car leur squelette n'était pas du tout adapté au vol –, elles leur servaient néanmoins à se tenir chaud, à capturer des insectes, et à "se montrer" lors des parades nuptiales, à l'instar des oiseaux actuels. Chez certains dinosaures emplumés, des modifications du squelette permirent l'évolution vers le vol, en passant probablement par des stades d'animaux arboricoles et planeurs.

①

②

Les arrière-petits-enfants d'Archaeopteryx

Au Crétacé, les oiseaux se diversifièrent considérablement et *Archaeopteryx* eut de nombreux descendants. *Confuciusornis* ①, "l'oiseau de Confucius" découvert en Chine, possédait de très longues plumes au niveau de la queue, des plumes aussi longues que l'animal. Il devait ressembler un peu à nos oiseaux de paradis. L'énorme *Gargantuavis*, "l'oiseau de Gargantua" découvert en France, rappelait sans doute l'autruche et ne pouvait plus voler. Quant à *Hesperornis* ②, il provient des États-Unis où, durant la fin du Crétacé, il passait son temps dans la mer comme un cormoran.

Le chaînon manquant

La découverte d'*Archaeopteryx* a bouleversé la paléontologie. À une époque où les scientifiques s'interrogeaient sur la réalité de l'évolution dans le règne animal, elle arriva à point. Elle représenta en effet le premier chaînon manquant entre deux groupes d'animaux : les reptiles et les oiseaux. De quoi réjouir le naturaliste Charles Darwin qui vit ici la confirmation de sa théorie de la transformation des espèces, une théorie qu'il publia deux ans avant cette extraordinaire découverte !

Le Crétacé inférieur

Le Crétacé, dernière période de l'ère secondaire, débuta il y a environ 135 millions d'années. De nouveaux groupes de dinosaures, tels les iguanodontidés et les spinosauridés, dominaient alors le monde. Grâce à l'apparition des plantes à fleurs, les "terribles lézards", profitant de ce nouvel apport, se développèrent rapidement. Il n'y eut jamais autant de dinosaures qu'à cette époque...

La vie sur les continents

Au début du Crétacé, la vie sur Terre ressemblait beaucoup à ce qui se passait au Jurassique. Les dinosaures, petits ou grands, étaient toujours les rois du monde. De gigantesques sauropodes fréquentaient encore les forêts de conifères. Les iguanodontidés, paisibles herbivores, commencèrent à coloniser le monde.

Dans cette scène située en Amérique du Nord, *Tenontosaurus* ① ne peut échapper à la meute de *Deinonychus* ② qui l'attaque. Seul *Iguanodon* ③ parvient à fuir. Au loin passent, indifférents, quelques *Cedarosaurus* ④, tandis que le nodosauridé *Sauropelta* ⑤ semble plus intrigué. Au Crétacé inférieur, les stégosaures disparaissent, remplacés par les ankylosauridés et nodosauridés. D'autres familles de dinosaures se développent, comme les étranges spinosauridés. Les oiseaux deviennent de plus en plus présents. Certains d'entre eux ont déjà perdu leurs ailes

Après la séparation de la Pangée au Jurassique, les énormes continents commencent à se morceler en des terres plus petites et de nouveaux océans s'ouvrent.

et ne vivent que sur terre. D'autres volent dans les bois, ou en bord de mer. Ils ressemblent beaucoup à nos oiseaux... à une différence près : certains possèdent encore des dents !

La très grande nouveauté du Crétacé est l'apparition des plantes à fleurs, appelées angiospermes. Parmi les toutes premières plantes à fleurs : les ancêtres des nénuphars et les premiers magnolias. Ce changement de végétation est peut-être à l'origine du développement des dinosaures ornithopodes, de plus en plus nombreux.

Les hypsilophodontidés et leurs cousins

Plusieurs petits dinosaures du Crétacé sont classés dans la famille des hypsilophodontidés. Apparus au Jurassique, époque où tous les continents étaient encore liés, ils furent présents de la Chine au Canada et de l'Australie à l'Angleterre. Ils disparurent, comme les autres dinosaures, il y a 65 millions d'années.

Ces ornithopodes bipèdes, longs généralement de 1 à 4 m, étaient certainement des animaux agiles et extrêmement rapides. Leurs pattes postérieures puissantes et leur queue, maintenue bien au-dessus du sol, leur permettaient de semer la plupart des prédateurs. Tous possédaient de grands yeux, en particulier les membres australiens de la famille, comme *Leaellynasaura*. Ces derniers vivaient il y a 110 millions d'années dans l'extrême sud de l'Australie, très proche alors du pôle Sud. Devant passer plusieurs mois dans la nuit polaire, ces dinosaures étaient dotés sans doute d'une excellente vue afin de survivre dans une quasi-obscurité. Le fait qu'ils supportaient aussi des températures très basses (même si elles étaient plus élevées qu'aujourd'hui à la même latitude) laisse supposer qu'ils avaient le sang chaud, comme les mammifères.

Les hypsilophodontidés possédaient tous des dents bien développées, qui leur permettaient de sectionner en petits morceaux les feuillages qu'ils découpaient avec leur bec tranchant. Ils n'avaient donc pas besoin de gastrolithes pour broyer leur nourriture. Certains cousins des hypsilophodontidés ont atteint de grandes tailles au cours du Crétacé, comme *Tenontosaurus* et *Rhabdodon*, deux proches parents qui mesuraient jusqu'à 7 m de long.

Tenontosaurus

Proche parent des hypsilophodontidés, cet ornithopode atteignait 7 m de long et vivait il y a 110 millions d'années en Amérique du Nord. Son nom signifie le "lézard à tendons", car ses vertèbres étaient recouvertes de nombreux tendons ossifiés, qui aidaient à maintenir rigide la colonne vertébrale jusqu'au bout de la queue.

Rhabdodon
"La dent cannelée" vivait dans le sud de l'Europe il y a 75 millions d'années. Cousin des hypsilophodontidés, ce dinosaure pouvait atteindre 7 m de long. Comme les autres gros ornithopodes, il était quadrupède.

Querelles de paléontologues

Edward Drinker Cope et Othniel Charles Marsh, les deux paléontologues américains les plus célèbres du XIXe siècle, se détestaient cordialement *(voir p. 22-23)*. Leurs successeurs leur ont rendu hommage en baptisant de leurs prénoms respectifs deux petits hypsilophodontidés du Jurassique supérieur d'Amérique du Nord : *Drinker* et *Othnielia* ! Voici les deux farouches ennemis réunis après leur mort dans une même famille de dinosaures !

Hypsilophodon
"La dent à haute couronne" vivait en Europe occidentale au début du Crétacé, voici 125 millions d'années. Ce petit dinosaure bipède pesait à peine 25 kg pour une longueur de 1,25 m.

Yandusaurus
Ce petit ornithopode vivait en Chine il y a 160 millions d'années. Il mesurait environ 2 m de long et évoluait en grands troupeaux. *Yandusaurus* signifie le "lézard de Yandu" (la capitale du sel en chinois). Yandu est l'ancien nom de Zigong, une ville du Sichuan fameuse pour ses gisements de dinosaures jurassiques.

Leaellynasaura
Le "lézard de Leaellynn" atteignait 3 m de long et vivait en Australie voici 110 millions d'années. Ce sont les parents - paléontologues de leur état - de la petite Leaellynn qui ont baptisé le dinosaure du nom de leur fille... Quelle chance !

Les dromæosauridés

Ces dinosaures ont vécu en Asie, en Amérique du Nord et en Europe pendant 60 millions d'années. Ils sont devenus aujourd'hui des stars du cinéma. Les fameux "*raptors*" du film *Jurassic Park* sont des dromæosauridés. Leur gros cerveau, leurs longues pattes, leurs dents et leurs griffes tranchantes comme des rasoirs en faisaient de terribles prédateurs.

Microraptor
Le nain de la famille des dromæosauridés mesurait 70 cm du bout du museau à l'extrémité de la queue. Il vivait peut-être dans des arbres, en Chine, voici 120 millions d'années. Ses griffes recourbées l'aidaient à se promener de branche en branche pour attraper des insectes ou de petits oiseaux.

La plupart des dromæosauridés mesuraient entre 2 et 3 m de long. Leur grande queue très raide représentait la moitié de la longueur totale de l'animal. Maintenue bien au-dessus du sol, elle servait de balancier lors de la course. Ces créatures possédaient tous une énorme griffe recourbée au pied. Grâce à cette arme terrible, ils éventraient leurs proies ou leur infligeaient des blessures mortelles. Cette griffe est à l'origine du nom de l'un d'entre eux, *Deinonychus*, qui signifie "terrible griffe". Les paléontologues restent très intrigués par ces animaux, car leurs squelettes présentent les mêmes caractéristiques que ceux des premiers oiseaux. Certains d'entre eux étaient recouverts d'écailles très allongées, ressemblant beaucoup à des plumes. On pense aujourd'hui que plusieurs dromæosauridés (proche de *Microraptor)* pourraient bien être les ancêtres des oiseaux !

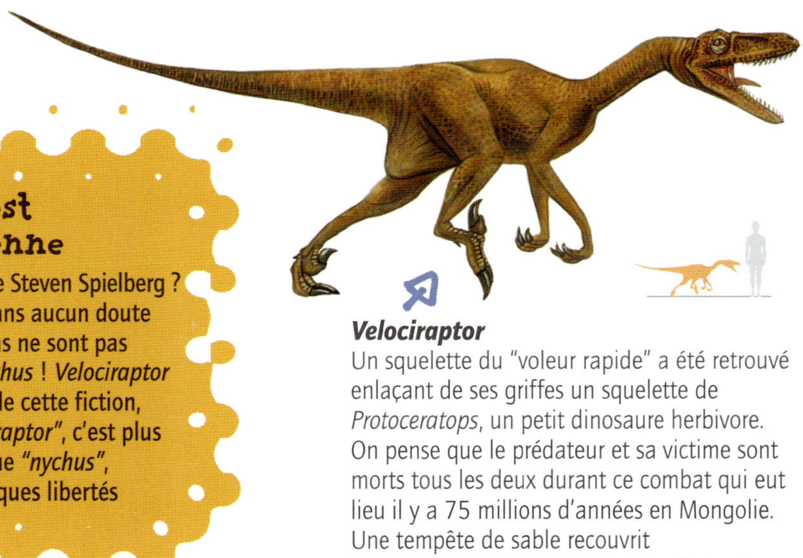

Velociraptor
Un squelette du "voleur rapide" a été retrouvé enlaçant de ses griffes un squelette de *Protoceratops*, un petit dinosaure herbivore. On pense que le prédateur et sa victime sont morts tous les deux durant ce combat qui eut lieu il y a 75 millions d'années en Mongolie. Une tempête de sable recouvrit alors les deux cadavres qui se fossilisèrent. *Velociraptor* atteignait à peine 2 m.

L'erreur est dinosaurienne

Qui a vu la série des *Jurassic Park* de Steven Spielberg ? Toi certainement ! Eh bien, tu as sans aucun doute remarqué que les *"raptors"* des films ne sont pas des *Velociraptor* mais des *Deinonychus* ! *Velociraptor* était bien plus petit que les héros de cette fiction, avec un long museau effilé. Mais *"raptor"*, c'est plus joli ou plus vendeur (c'est selon) que *"nychus"*, alors... les scénaristes ont pris quelques libertés avec la réalité !

"Raptor" toi-même !

L'un des premiers dromæosauridés a été découvert vers 1920 dans le désert de Gobi, en Mongolie. Le paléontologue américain H. F. Osborn le baptisa *Velociraptor*, "le voleur rapide" (*raptor* signifie "voleur" en latin). En effet, les proportions de son squelette, en particulier ses longues pattes de derrière, indiquent qu'il devait courir extrêmement vite pour s'emparer de ses proies. Depuis, d'autres scientifiques ont imité Osborn. Ainsi de nouvelles espèces de dromæosaures ont été appelées *Utahraptor* (le "voleur" de l'État de l'Utah aux États-Unis), *Variraptor* (celui du département du Var, en France) ou *Microraptor* qui est tout simplement le plus petit des "voleurs".

Utahraptor
Géant de la famille avec ses 7 m, il vivait en Amérique du Nord, il y a 120 millions d'années. *Utahraptor* pouvait s'attaquer à de gros dinosaures comme *Iguanodon*.

Deinonychus
Ce redoutable prédateur de 3 m de long vivait en Amérique du Nord il y a 110 millions d'années. L'ornithopode *Tenontosaurus* devait figurer parmi ses proies favorites car on découvre souvent des dents de *Deinonychus* parmi des squelettes de *Tenontosaurus*. Comme ce dernier était bien plus gros que son agresseur, certains paléontologues supposent que le dromæosauridé chassait en meute.

Sinornithosaurus
Ce dromæosauridé chinois vieux de 125 millions d'années est extraordinaire : autour de son squelette, on a retrouvé des traces de peau qui montrent qu'il avait des écailles allongées formant de longs filaments. Il était recouvert d'une sorte de duvet comme les oiseaux.

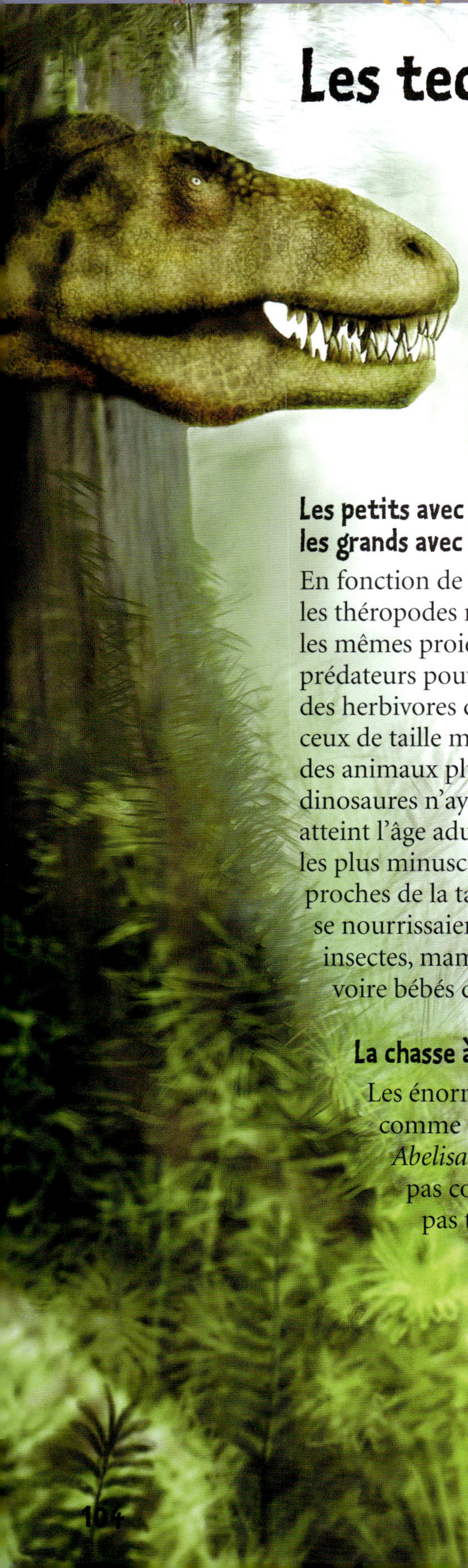

Les techniques de chasse

Difficile de savoir comment chassaient les dinosaures lorsque l'on ne connaît d'eux que leur squelette ! En comparant avec les animaux actuels, les paléontologues peuvent néanmoins émettre quelques hypothèses sur les techniques de chasse de certains prédateurs…

Les petits avec les petits, les grands avec les grands

En fonction de leur taille, les théropodes ne choisissaient pas les mêmes proies. Les très gros prédateurs pouvaient s'attaquer à des herbivores de plusieurs tonnes ; ceux de taille moyenne chassaient des animaux plus menus ou des dinosaures n'ayant pas encore atteint l'âge adulte. Enfin, les plus minuscules des carnivores, proches de la taille d'une poule, se nourrissaient de petites proies : insectes, mammifères, lézards, voire bébés dinosaures.

La chasse à l'affût

Les énormes prédateurs, comme *Tyrannosaurus* ou *Abelisaurus*, ne pouvaient pas courir vite et surtout pas très longtemps. Ils étaient donc incapables de poursuivre un troupeau d'ornithopodes en fuite. Dissimulés dans la végétation, ils guettaient l'approche d'un herbivore, butinant çà et là, avant de se jeter sur lui. Pour y parvenir, ils se plaçaient "sous le vent", de manière à ce que leurs futures victimes ne sentent pas leur odeur. Pour achever les proies, ces gigantesques prédateurs devaient les mordre à la gorge, broyant leurs os avec leurs puissantes mâchoires.

Des cannibales chez les dinosaures

Aux États-Unis, les paléontologues ont découvert des centaines de squelettes du petit théropode *Coelophysis*. Dans deux de ces squelettes, ils ont trouvé des ossements de bébés *Coelophysis*. Il ne s'agissait pas des restes d'embryons portés par des femelles au moment de leur mort mais du dernier repas de ces animaux. Les *Coelophysis* dévoraient donc parfois leurs propres petits lorsqu'ils n'avaient rien d'autre à se mettre sous la dent !

Chasse en meute ?

Certains paléontologues pensent que les petits carnivores, tels les dromæosauridés, chassaient en famille. Ainsi, ils auraient pu attaquer des animaux plus imposants qu'eux, qu'ils auraient tués grâce à leurs griffes avant de les dépecer. Mais les preuves de tels comportements n'ont pas encore été établies. Il est même très probable que les dromæosauridés n'affrontaient pas des animaux plus gros qu'eux. Et si l'on a retrouvé des dents de *Deinonychus* au milieu d'un squelette de *Tenontosaurus*, rien ne prouve que ce dernier était encore en vie lorsqu'il se fit attaquer.

La chasse à courre

Grâce à leur squelette léger et à leurs longues pattes, beaucoup de petits carnivores étaient extrêmement rapides et endurants. Atteignant probablement les 50 km/h, ils rattrapaient à la course la plupart de leurs proies : jeunes dinosaures herbivores, mammifères ou lézards. Il ne leur restait plus qu'à les tuer à l'aide de leurs griffes acérées et de leurs mâchoires… puis à les dévorer. La plupart de ces dinosaures possédaient de grands yeux et sans aucun doute une excellente vue qui leur permettait de repérer au loin leur futur festin.

Nécrophages

Tout comme les prédateurs actuels, la majorité des dinosaures carnivores devaient se nourrir des cadavres d'autres animaux. Des espèces de plus en plus petites devaient ainsi se succéder sur la dépouille des énormes sauropodes, jusqu'à ce qu'il ne subsiste plus aucun morceau de chair. Ensuite venaient d'autres animaux encore plus menus, insectes, oiseaux ou mammifères, qui finissaient de nettoyer le cadavre.

Les ornithomimidés

Les dinosaures n'étaient pas tous de gros animaux lourdauds. Certains étaient même de vrais champions de vitesse, comme les ornithomimidés appelés couramment les "dinosaures-autruches". Autre particularité de ces créatures carnivores : elles ont perdu leurs dents et possédaient, ainsi que les oiseaux, un bec pour se nourrir.

Pelecanimimus
Celui "qui imite le pélican" est le plus vieux des ornithomimidés. Il vivait en Espagne il y a 125 millions d'années, au bord d'un lagon. Contrairement à ses cousins, *Pelecanimimus* possédait plus de deux cents dents... mais des dents minuscules.

Les ornithomimidés étaient très différents des autres théropodes avec leurs bras allongés et leurs immenses yeux. Dotés certainement d'une excellente vue, ils guettaient l'approche d'un carnivore ou repéraient une proie à proximité. Les plus rapides de tous les dinosaures possédaient en outre de longues pattes postérieures qui leur permettaient de dépasser les 60 km/h ! Les "dinosaures-autruches" échappaient ainsi aux attaques des tyrannosauridés et des dromæosauridés qui vivaient à la même époque. S'ils étaient carnivores (voir encadré), leur pointe de vitesse devait aussi les aider à rattraper de petites proies agiles.

Struthiomimus
Celui "qui ressemble à l'autruche" a vécu au Canada et aux États-Unis à la fin du Crétacé. Il pouvait atteindre 4 m de long. Comme les autruches auxquelles il ressemble beaucoup, *Struthiomimus* pouvait courir très vite.

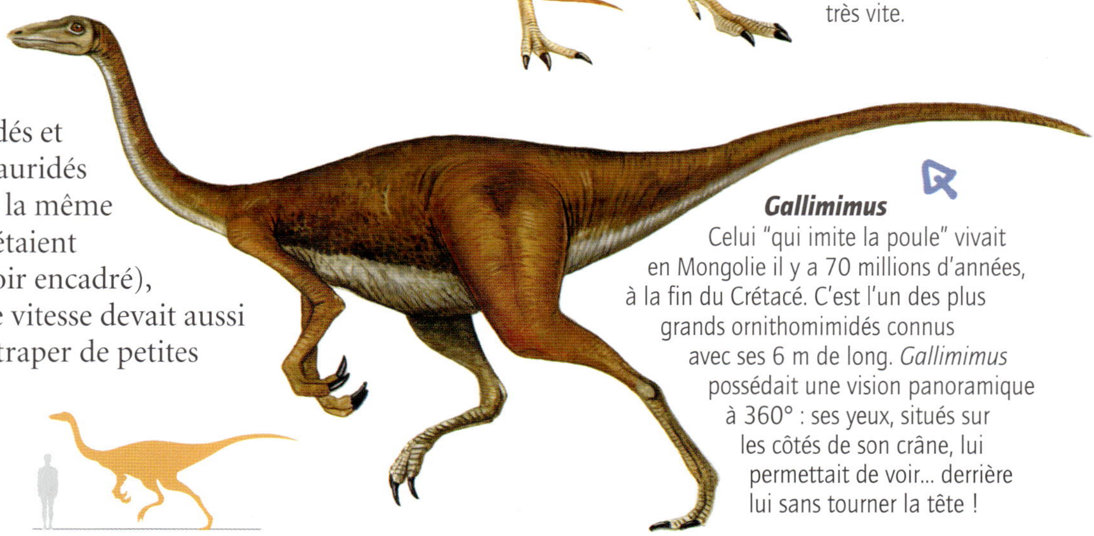

Gallimimus
Celui "qui imite la poule" vivait en Mongolie il y a 70 millions d'années, à la fin du Crétacé. C'est l'un des plus grands ornithomimidés connus avec ses 6 m de long. *Gallimimus* possédait une vision panoramique à 360° : ses yeux, situés sur les côtés de son crâne, lui permettait de voir... derrière lui sans tourner la tête !

Deinocheirus
La "terrible main" était le géant de la famille. Si l'on ne connaît de ce dinosaure que deux bras gigantesques (2,40 m !) découverts en Mongolie, il n'en reste pas moins qu'il s'agit bel et bien d'un ornithomimidé. L'animal entier aurait alors mesuré 20 m : ce serait (et de loin) le plus grand théropode connu. On attend l'exhumation d'un squelette complet pour en avoir la confirmation...

Les herbi-carni-omni-vores dévorent

Tout comme nos amis les chercheurs, je m'interroge encore sur l'alimentation des ornithomimidés. Certains pensent qu'ils étaient des théropodes herbivores, tels les thérizinosauridés. D'autres supposent qu'ils étaient carnivores, capturant de petites proies (lézards, mammifères, insectes ou encore bébés dinosaures). Enfin, on avance même qu'ils auraient pu être omnivores, se nourrissant à la fois de végétaux et d'animaux… Quel embrouillamini !
La découverte récente de nombreux gastrolithes à l'intérieur de squelettes d'ornithomimidés fait pencher la balance vers la première hypothèse.
Car, tu le sais, c'étaient généralement les animaux herbivores qui possédaient de tels galets dans le gésier.

Dromiceiomimus
Celui "qui ressemble à l'émeu" atteignait les 3,50 m de long et vivait au Canada à la fin du Crétacé.

Bâtis pour courir

Hormis leur longue queue (qui servait de balancier pendant la course) et leurs mains munies de trois griffes aux doigts, les ornithomimidés ressemblaient beaucoup à des oiseaux. À l'instar des autruches et des émeus, l'os de leur cuisse était plus court que ceux de la jambe et de la cheville, ce qui les aidait à atteindre de grandes vitesses.

Scène africaine

Il y a 110 millions d'années, l'océan Atlantique sud s'ouvrait, éloignant ainsi peu à peu l'Afrique de l'Amérique latine. Au cœur de la région du Ténéré en Afrique, devenue aujourd'hui un désert aride, coulaient de grands fleuves, dont les rivages étaient envahis par une végétation dense et luxuriante.

Des crocodiles géants, tel *Sarcosuchus* ⑤ (10 m de long), attendent patiemment, tapis dans la vase des cours d'eau, que des herbivores assoiffés s'approchent. L'iguanodontidé *Ouranosaurus* ③ avec sa spectaculaire voile dorsale, le dicræosauridé *Nigersaurus* ② ou encore l'étrange *Lurdusaurus* ④ aux allures de paresseux géant figurent parmi les proies favorites du gigantesque reptile. Ils n'ont en revanche rien à craindre du spinosauridé *Cristatusaurus* ①. Ce prédateur, cousin de *Baryonyx*, sévit au bord des fleuves et saisit les poissons vivants avec son long museau effilé.

Les spinosauridés

Spinosauridé signifie “dinosaure épineux”. Et pourtant tous les membres de cette famille n’étaient pas pourvus d’épines. Ce nom a simplement été choisi en l’honneur du premier et du plus célèbre spinosauridé découvert : *Spinosaurus*, qui possédait une grande crête sur le dos.

Même si l’on connaît peu de choses sur les spinosauridés, on sait qu’ils étaient tous des dinosaures carnivores dont le long museau effilé ressemblait à celui des crocodiles. Leur gueule était garnie de dents très différentes de celles des autres carnassiers. Au lieu d’être tranchantes et aplaties, elles étaient coniques, comme celles des crocodiles et des dauphins. Mais leurs ressemblances s’arrêtent là. Ce long museau et ces dents pointues servaient sans doute à saisir et avaler des poissons frétillants. Les spinosauridés étaient en effet de grands pêcheurs qui harponnaient leurs proies dans les cours d’eau à l’aide de leurs puissantes griffes. Comme les grizzlys, ils devaient guetter des poissons au milieu des cours d’eau et les projeter sur la berge d’un violent coup de patte. Puis ils retournaient sur le rivage consommer leur nourriture.

Irritator challengeri
Il mesurait 7 à 8 m de long et vivait il y a 110 millions d’années. Découvert au Brésil, son nom (*challengeri*) fut choisi en l’honneur du professeur Challenger, le héros du *Monde perdu* de Conan Doyle, qui découvrait des dinosaures vivants au fin fond de l’Amérique du Sud. *Irritator* signifie “qui énerve”. Les chercheurs furent en effet passablement irrités lorsqu’ils s’aperçurent que le crâne, acheté à un marchand de fossiles, était composé d’éléments appartenant à deux dinosaures astucieusement recollés !

Siamosaurus
Le “lézard du Siam” (ancien nom de la Thaïlande) a été découvert dans ce pays, dans les roches datant du début du Crétacé. On ne connaît encore que ses dents coniques, qui ressemblent beaucoup à celles de *Spinosaurus*. Il faudra attendre l’exhumation d’un crâne pour être certain qu’il s’agit bien d’un spinosauridé. Plus petit que *Spinosaurus*, ce dinosaure pouvait atteindre 6 m de long.

Spinosaurus

Il possédait des vertèbres incroyablement développées, puisque leur épine neurale pouvait atteindre 1 m de haut (d'où le nom de ce dinosaure) et former ainsi une large voile sur le dos. Les ossements de ce dinosaure de plus de 15 m de long ont été trouvés un peu partout au Sahara (Égypte, Tunisie, Libye, Maroc). *Spinosaurus* vivait à une époque où cette région était encore recouverte d'une végétation luxuriante : c'était il y a 100 millions d'années environ.

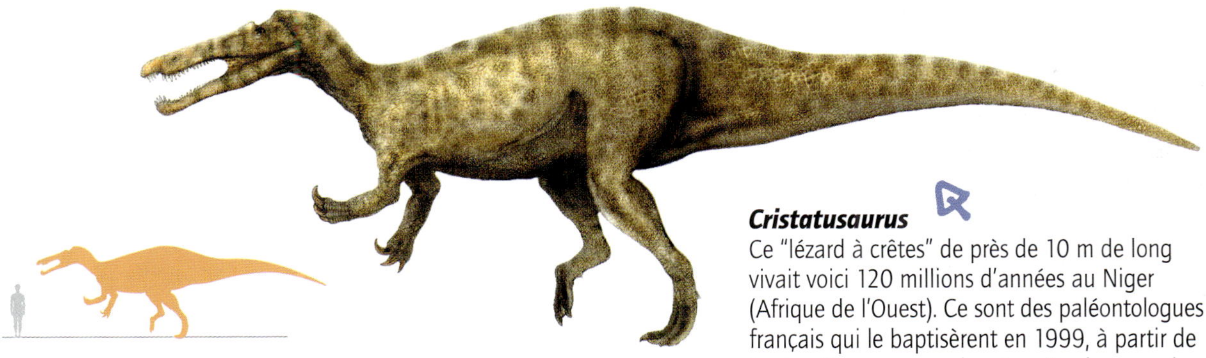

Cristatusaurus

Ce "lézard à crêtes" de près de 10 m de long vivait voici 120 millions d'années au Niger (Afrique de l'Ouest). Ce sont des paléontologues français qui le baptisèrent en 1999, à partir de tout petits morceaux de crâne. Quelques mois plus tard, des chercheurs américains appelèrent un squelette presque entier trouvé au même endroit *Suchomimus* ("qui ressemble à un crocodile"). Il s'agissait en réalité du même animal, et c'est le nom donné en premier qui doit être employé. L'histoire n'est peut-être pas terminée puisqu'une paléontologue anglaise pense que *Cristatusaurus* (et donc *Suchomimus*) ressemble tellement à un autre spinosauridé qu'elle a découvert, *Baryonyx*, qu'il faudrait tous les appeler *Baryonyx* !

Destruction en masse

Spinosaurus a été découvert en 1910 en Égypte par un paléontologue allemand nommé E. Stromer von Reichenbach. Il ramena alors le squelette au musée de Munich, qui fut détruit par les bombardements à la fin de la Seconde Guerre mondiale. *Spinosaurus* ne fut pas le seul dinosaure victime des guerres. Un cargo transportant le squelette d'un hadrosaure canadien vers l'Europe fut ainsi coulé au milieu de l'Atlantique par un sous-marin allemand pendant la Première Guerre mondiale. Le Muséum d'histoire naturelle de Caen fut lui aussi détruit en 1944 par les bombardements, qui réduisirent en poussière les dinosaures normands qui y étaient conservés.

Baryonyx

Appartenant à la grande famille des théropodes, le spinosauridé *Baryonyx* vivait en Europe de l'Ouest, il y a 120 millions d'années. Si ses cousins préféraient la viande crue, ce dinosaure avait un petit faible pour les poissons… Une chance pour *Iguanodon* qui ne risquait aucune attaque de la part de ce prédateur !

Tête de reptile et pieds de canard

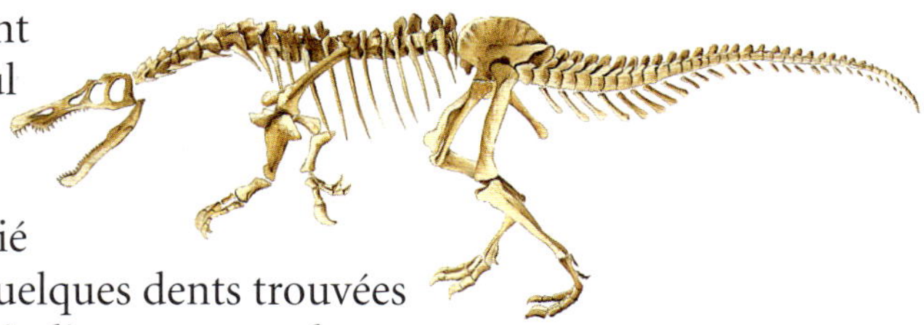

Baryonyx est un dinosaure extrêmement rare. Un seul et unique squelette est répertorié à ce jour. Quelques dents trouvées en Espagne indiquent cependant qu'il devait peupler toute l'Europe de l'Ouest. Toujours en Espagne, de curieuses empreintes de pas de dinosaures carnivores ont été découvertes. Celles-ci montrent une sorte de palmure entre les doigts, qui fait penser aux pattes de gros canards. Comme ces traces de pas ont été identifiées dans les mêmes couches géologiques que les dents de *Baryonyx*, on suppose qu'il s'agissait des empreintes de ce dinosaure. Il avait donc peut-être les pieds palmés comme les oiseaux aquatiques.

Coup de griffe

Lorsque les paléontologues parlent de griffes, il s'agit en réalité de la dernière phalange du doigt sur laquelle venait s'emboîter, quand l'animal était vivant, une griffe en corne (c'est la même chose chez les chiens et les chats). La véritable griffe en corne est donc bien plus importante que la phalange qu'elle recouvre.

Un pêcheur sachant pêcher

Approchant les 10 m de long, *Baryonyx*, comme les autres membres de sa famille (*Spinosaurus*, *Irritator*...), avait un museau de crocodile garni de nombreuses dents coniques. Contrairement aux autres théropodes, ses narines n'étaient pas situées à l'extrémité du museau, mais nettement en arrière. Il pouvait ainsi continuer à respirer tout en enfonçant le bout de sa gueule dans l'eau pour attraper un poisson. Ce dinosaure possédait également une énorme griffe à chaque main (près de 35 cm !), semblable aux crochets que les pêcheurs utilisent pour ramener des poissons à bord d'un bateau.

Un royaume pour un dinosaure

Tu te rappelles certainement que les premiers dinosaures, *Megalosaurus* et *Iguanodon* ont été découverts en Grande-Bretagne au début du XIXe siècle. Depuis, de nombreux ossements et des squelettes entiers de dinosaures y ont été exhumés. Les chercheurs pensaient avoir trouvé la plupart des dinosaures ayant vécu sur l'île. Mais en janvier 1983, dans une carrière du sud de l'Angleterre, le paléontologue amateur W. Walker tomba sur une énorme griffe recourbée, longue de plus de 20 cm. Intrigué par sa découverte, il la présenta aux scientifiques du Muséum d'histoire naturelle de Londres. Ces derniers n'avaient jamais rien vu de semblable : il ne s'agissait pas d'une griffe du pied, mais de celle de la main d'un dinosaure carnivore encore inconnu. Dès le printemps suivant, des paléontologues trouvèrent dans l'argile le squelette quasi entier d'un étrange dinosaure : ils le baptisèrent *Baryonyx walkeri* (la "lourde griffe" trouvée par W. Walker).

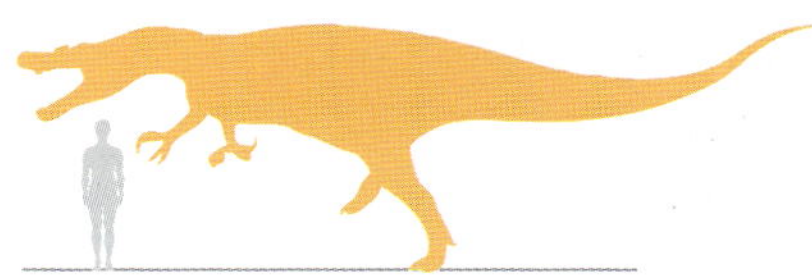

Écailles persistantes

L'idée que *Baryonyx* mangeait du poisson a été confirmée par la découverte d'une multitude d'écailles et de dents de poissons à l'intérieur de sa cage thoracique. Ces écailles appartenaient à de gros poissons longs de plus de 1 m. En les observant à l'aide de microscopes performants, les chercheurs constatèrent qu'elles étaient très abîmées, dommages causés par la digestion de l'animal. Il s'agissait donc bien des restes de son dernier repas.

Les iguanodontidés

Au début du Crétacé, la famille des iguanodontidés était répandue dans le monde entier, en particulier en Europe, en Asie et en Amérique du Nord. La plupart de ces dinosaures herbivores vivaient probablement en grands troupeaux rassemblant des centaines ou des milliers d'individus…

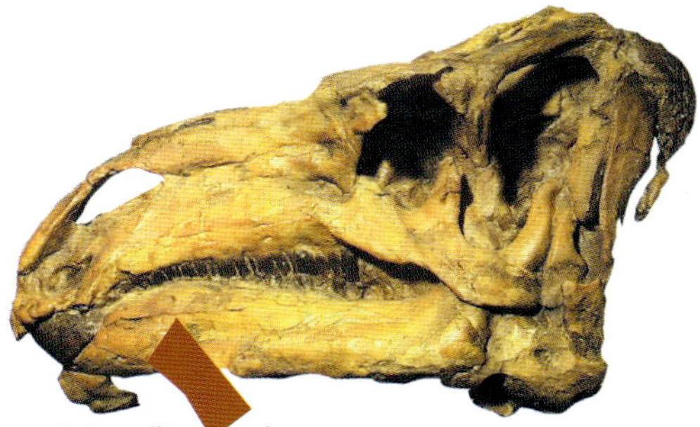

Crâne d'*Iguanodon*.

La famille des iguanodontidés est composée de plusieurs dinosaures herbivores longs de 4 à 9 m. Les plus petits étaient en général bipèdes, les plus lourds plutôt quadrupèdes. Tous possédaient un pouce très particulier à chaque main. La dernière phalange, de forme conique, était en effet transformée en une sorte d'éperon de taille variable. Ce pouce servait-il d'arme contre des prédateurs ? Permettait-il d'arracher l'écorce des arbres ou de déterrer des racines dont les iguanodontidés se nourrissaient ? On ne le sait pas encore… Après avoir saisi et découpé les plantes avec leur large bec, les iguanodontidés les déchiquetaient ensuite avec leurs dents coupantes. Car contrairement aux sauropodes et aux thyréophores, ces ornithopodes possédaient des dents bien développées qui les aidaient à mastiquer efficacement la nourriture. Les dents se ressemblent tellement d'une espèce à l'autre qu'il est indispensable de trouver autre chose que des bouts de mâchoire pour savoir de quel membre de la famille il s'agit !

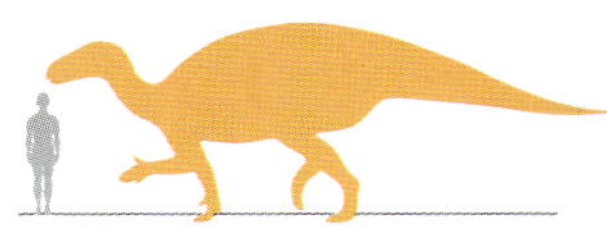

Iguanodon
La "dent d'iguane" est l'un des dinosaures les mieux connus *(voir p. 24-25)*. Plusieurs espèces ont été décrites, notamment en Europe. La plus gigantesque d'entre elles, *Iguanodon bernissartensis* ("*Iguanodon* de Bernissart", le village belge où furent découverts une trentaine de squelettes) atteignait 9 m de long.

Altirhinus
Le "nez haut", iguanodontidé asiatique de 8 m de long, a été découvert en Mongolie. Il ressemblait beaucoup à son cousin européen *Iguanodon*, mais possédait de surcroît une grosse bosse sur le nez. Ce qui lui a valu son nom.

Eolambia
La présence de ce dinosaure en Amérique du Nord, au milieu du Crétacé, montre que les iguanodontidés vivaient aussi dans cette région du monde. Découvert à la fin des années 1990, il fut baptisé le "lambéosaure de l'aurore", car il est le plus vieux lambéosaure connu (sous-famille d'hadrosauridés). Il mesurait environ 5 m de long.

Lurdusaurus
Le "lézard lourd" est un contemporain d'*Ouranosaurus* *(voir p. 116-117)*. Il profitait, tout comme ce dernier, de l'abondante végétation du Sahara (Niger actuel), région où ses ossements ont été découverts. Ce dinosaure, de près de 9 m de long, était trapu avec des allures de paresseux géant.

Ouranosaurus

Ouranosaurus vivait en Afrique il y a 115 millions d'années et uniquement sur ce continent : pas la moindre trace de ce dinosaure dans les autres régions du monde. Dans la grande famille des iguanodontidés, cet animal herbivore ne passait pas inaperçu : d'une longueur de 7 m, il était surmonté d'une incroyable crête de 1 m de haut…

Le Sahara tout vert

Ouranosaurus (le "lézard courageux", d'après un mot berbère) vivait dans le désert du Ténéré (Sahara actuel). Cette région, aujourd'hui aride et inhospitalière, était, il y a 115 millions d'années, verdoyante et parcourue par de larges fleuves. *Ouranosaurus* y vivait aux côtés de nombreux autres dinosaures comme le spinosauridé *Cristatusaurus* ou le sauropode *Nigersaurus*. Et dans les fleuves, de gigantesques poissons, longs parfois de 4 m, étaient la proie d'énormes crocodiles et des spinosauridés.

Une histoire de climatisation

Si *Ouranosaurus* ressemblait à *Iguanodon* par de nombreux aspects, il présentait une caractéristique extraordinaire : les vertèbres de son dos possédaient une immense épine qui pouvait atteindre 1 m de hauteur. Ces pointes soutenaient probablement un large voile de peau, qui aurait servi de climatisation à *Ouranosaurus*.

Le matin, lorsqu'il se dorait au soleil, le sang circulant dans les vaisseaux de la crête se serait rapidement réchauffé. Aux heures les plus chaudes de la journée, il lui aurait suffi de s'installer dans un courant d'air ou de s'immerger dans l'eau d'une rivière pour abaisser sa température *(voir p. 64-65)*. Autre particularité de cet animal : son museau était aplati et élargi, rappelant un peu celui des hadrosauridés. Certains chercheurs pensent qu'*Ouranosaurus* est l'ancêtre de ces "dinosaures à bec de canard". Animal sans doute trop lourd pour être bipède, il devait se déplacer sur quatre pattes malgré ses membres antérieurs très courts.

Surprise !

Un de mes grands-oncles, accompagné d'autres géologues, s'est rendu dans le nord du Niger pour rechercher de l'uranium (un élément radioactif naturel). Et devine quoi ? Ils n'ont pas trouvé d'uranium, mais ont mis au jour l'un des plus vastes sites de dinosaures de la planète : Gadoufaoua ! Dégagés par le vent des roches de sable où ils étaient enfouis depuis 115 millions d'années, des squelettes complets de dinosaures gisaient au milieu des dunes. En dehors du Niger, les paléontologues ont découvert des ossements d'*Ouranosaurus* au Cameroun et en Tunisie.

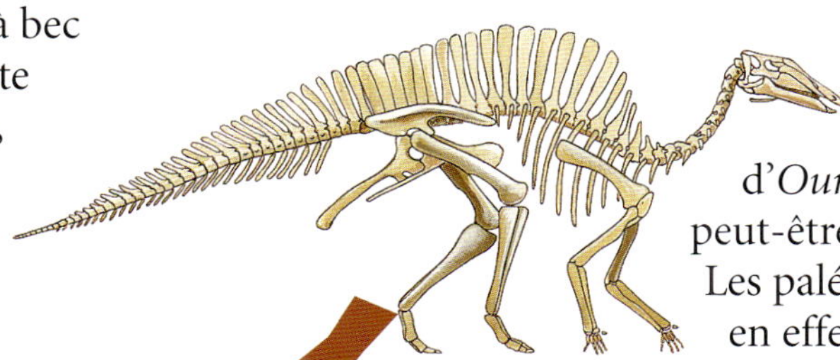

Sur ce squelette d'*Ouranosaurus*, on se rend compte de la hauteur impressionnante des vertèbres.

Dinosaurophagie

Le principal prédateur d'*Ouranosaurus* était peut-être… un crocodile ! Les paléontologues ont en effet découvert dans le même gisement le squelette d'un énorme crocodile de 15 m de long. Ce reptile, appelé *Sarcosuchus*, vivait probablement au bord des fleuves et attaquait des animaux venant s'abreuver. Il pouvait sans doute saisir des *Ouranosaurus* adultes et les entraîner sous l'eau jusqu'à ce qu'ils se noient. *Sarcosuchus* dissimulait ensuite (à l'instar de ses cousins actuels) le cadavre de sa proie avant de la consommer quelques jours ou quelques semaines plus tard. Ce crocodile serait donc dinosaurophage (quel joli mot pour un mangeur de dinosaures) !

Les nodosauridés

Apparus au milieu du Jurassique, les nodosauridés ont colonisé une large partie de la planète au Crétacé. Un squelette a même été trouvé en Antarctique, dans des roches vieilles de 70 millions d'années. À l'époque, ce continent n'était pas encore recouvert de glace. Certains chercheurs avancent que les nombreux dinosaures qui y vivaient supportaient la longue nuit polaire de six mois. D'autres suggèrent au contraire qu'ils effectuaient de grandes migrations vers le nord à la fin de l'hiver austral…

Tout comme les ankylosauridés, les nodosauridés avaient un corps en forme de tonneau recouvert de plaques osseuses. Des os de taille variée ornaient presque entièrement leur peau. À la différence de leurs cousins, ces dinosaures herbivores possédaient un museau étroit. Avec leur bec, ils devaient choisir soigneusement les plantes basses qu'ils mâchaient à l'aide de leurs petites dents, alors que les ankylosauridés, plus voraces, avalaient tout ce qui se présentait devant eux.
Massifs, les nodosauridés étaient incapables de courir lorsqu'un danger survenait. Dépourvus de massue au bout de la queue, ces lourds quadrupèdes possédaient en revanche des épines longues et pointues sur les épaules, le cou et les flancs. Tels des porcs-épics, ils devaient décourager plus d'un carnivore affamé. L'unique solution pour le prédateur : réussir à les retourner, car seul leur ventre n'était pas protégé par la cuirasse osseuse.

Struthiosaurus
Le plus petit des nodosauridés (3 m de long à peine) vivait en Europe entre 80 et 65 millions d'années. Le nom de "lézard autruche" lui a été attribué un peu par erreur. Le paléontologue, qui découvrit l'arrière de son crâne à la fin du XIXe siècle, lui trouva un air de ressemblance avec un crâne d'autruche ! Nous savons désormais que ce dinosaure avait plutôt l'aspect d'un gros tonneau monté sur de courtes pattes !

Hylaeosaurus
Le "lézard de la forêt", de 4 m de long, vivait en Angleterre il y a 130 millions d'années. C'est le troisième dinosaure à avoir reçu un nom scientifique au début du XIXe siècle, juste après *Megalosaurus* et *Iguanodon*. Comme ce dernier, il a été baptisé par le médecin anglais Gideon Mantell.

Pawpawsaurus

Il a été découvert dans des roches du Texas, vieilles de 110 millions d'années. Comme l'ankylosauridé *Euoplocephalus*, il possédait des paupières en os. Ainsi, lorsqu'un prédateur s'approchait, il devait s'allonger sur le sol, fermer ses lourdes paupières osseuses, et attendre que le carnivore se lasse de ne pas trouver de point faible.

Demain, je change d'identité !

Struthiosaurus est un petit chanceux : s'il est le plus "nain" des nodosauridés, il est aussi celui qui a reçu le plus de noms ! Les paléontologues, qui ont étudié ses ossements à la fin du XIXe siècle et au début du XXe siècle, ont pensé qu'ils appartenaient à plusieurs animaux qu'ils ont baptisés successivement _Cratæomus, Danubiosaurus, Hoplosaurus, Pleuropeltus, Rhadinosaurus, Leipsanosaurus_ et _Rhodanosaurus_... Quelle imagination !

Edmontonia

Edmontonia (nom venant de la ville d'Edmonton au Canada) vivait à la fin du Crétacé en Amérique du Nord. Avec ses 7 m de long et ses 4 t, il est le plus gros des nodosauridés. Il possédait de puissantes épines sur le cou, les épaules et les flancs, dirigées vers l'avant et vers l'extérieur : une défense efficace contre les grands prédateurs.

Nodosaurus

Le "lézard noduleux" (ainsi nommé pour les nodules osseux qui le recouvraient) vivait en Amérique du Nord au Crétacé supérieur. Ce grand nodosauridé atteignait 5,5 m de long. Bien qu'il ait donné son nom à la famille, ce n'est pas le mieux connu : on n'a pas encore découvert son crâne.

Psittacosaurus

Psittacosaurus doit se sentir bien seul, car il est pour le moment l'unique représentant de sa famille, les psittacosauridés. Il vécut sur le continent asiatique entre 125 et 110 millions d'années.

Made in Asie

Plusieurs espèces de *Psittacosaurus* ont été découvertes en Chine, en Mongolie et en Thaïlande. Il semble en effet que ce dinosaure n'ait vécu que dans l'actuelle Asie, qui était, à l'époque, isolée du reste du monde. Empêchés par les mers et les océans, les *Psittacosaurus* n'ont pu rejoindre un nouveau continent. Et aucune autre espèce n'a encore été retrouvée dans les régions voisines.

Gabarit réduit

Psittacosaurus, le "lézard-perroquet", était un petit dinosaure bipède long de 1 à 2 m, dont le bec tranchant ressemblait d'ailleurs beaucoup à celui d'un perroquet. Il possédait sur ses joues deux sortes de petites cornes triangulaires qui pouvaient lui servir lors de combats. Son bec et ses petites dents devaient lui permettre de tailler la végétation dont il se nourrissait. Une fois arrachés, les végétaux étaient broyés dans son gésier qui contenait des dizaines de gastrolithes (*voir p. 58-59*). Des paléontologues chinois ont parfois découvert plus d'une cinquantaine de ces petits galets à l'intérieur d'un squelette de *Psittacosaurus* !

Crâne de *Psittacosaurus* de profil (haut) et vu de dessus (bas).

Vitesse limitée

Malgré sa petite taille, *Psittacosaurus* ne courait probablement pas très vite. Sa meilleure chance de survie face aux terribles prédateurs résidait dans le… nombre ! On pense en effet que les psittacosaures vivaient en troupeaux composés de très nombreux individus comme en témoignent les centaines de squelettes trouvés accumulés dans certains gisements chinois. Lorsqu'un carnivore fonçait au milieu du troupeau, il réussissait souvent à tuer un ou deux *Psittacosaurus*, tandis que des milliers ou des dizaines de milliers d'autres s'enfuyaient en tout sens… Une technique qui a permis d'assurer la survie de cette espèce pendant 15 millions d'années !

Oh qu'il est mignon !

Les paléontologues américains ont découvert en 1922, en Mongolie, les premiers squelettes de *Psittacosaurus*. Parmi les ossements qu'ils ramenèrent aux États-Unis (je peux t'assurer qu'ils ne pesaient pas bien lourd dans les bagages !), figuraient des restes d'embryons, dont un crâne de 28 mm de long, qui tiendrait presque sur une pièce de 2 euros ! L'animal entier mesurait une vingtaine de centimètres. Fascinant, non ?!

De deux à quatre pattes

La plupart des paléontologues pensent que les lourds cératopsiens, cornus et quadrupèdes, qui vivaient à la fin du Crétacé sont issus de petits animaux bipèdes ressemblant à des psittacosaures. En grossissant, au cours du Crétacé, ces animaux à deux pattes sont devenus quadrupèdes : plus facile de marcher à quatre pattes lorsqu'on est très gros ! *Psittacosaurus* pourrait donc être un lointain – et indirect – ancêtre des cératopsiens.

Les stratégies de défense

Même si les prédateurs de l'ère secondaire (comme ceux d'aujourd'hui) préféraient s'attaquer à des animaux malades ou à des jeunes incapables de se défendre, ils pouvaient parfois affronter des dinosaures adultes. Mais ces derniers possédaient toute une panoplie de moyens de défense…

Ce tyrannosauridé était impuissant face aux coups de massue de l'ankylosauridé.

L'armure et le glaive

Vieille comme le monde, l'armure n'a pas été inventée par les hommes pour se protéger des coups d'épée ! En effet, les ankylosauridés et les nodosauridés, animaux très lents, étaient complètement caparaçonnés dans une cuirasse osseuse qui leur recouvrait le crâne, le dos et la queue, à l'instar des tatous ou des tortues. Les dents des plus gros prédateurs devaient se briser sur cette armure. La grosse massue osseuse au bout de la queue des ankylosauridés, balancée dans les jambes d'un dinosaure carnivore, pouvait en plus lui infliger de graves blessures.

Pour parer les attaques des prédateurs, ce nodosauridé a choisi la défense passive. Plaqué ainsi sur le sol, seuls ses piquants étaient apparents.

Le salut par la fuite

De nombreux dinosaures de taille moyenne, dépourvus d'armure, pouvaient courir, comme nos antilopes actuelles, pour échapper aux carnivores. La plupart des petits ornithopodes, par exemple, atteignaient les 40 km/h, distançant ainsi certains gros théropodes. Ils n'avaient cependant guère de parade face aux véloces dromæosauridés. Seuls les plus rapides des dinosaures, les ornithomimidés, avaient une chance de s'enfuir car ils dépassaient les 60 km/h.

La force de la dissuasion

Pour ne pas tomber sous la dent d'un carnivore affamé, l'un des meilleurs moyens est de lui faire peur. Certains dinosaures, tels les cératopsidés, possédaient une tête impressionnante, garnie de longues épines très inquiétantes. Ils devaient dissuader les plus gros carnivores. Et en cas d'attaque, ils pouvaient faire face et infliger des blessures mortelles à leurs ennemis. Quant aux sauropodes, tout comme les éléphants, leur taille suffisait pour maintenir à bonne distance les plus gros carnivores.

Les épines, la grandeur et parfois la "coloration" de la collerette, ainsi que les cornes de ce cératopsidé devaient impressionner et éloigner les plus dangereux prédateurs.

Le nombre fait la force

Les bébés dinosaures, quand ils sortaient de l'œuf, étaient pratiquement démunis de moyens de défense. Un grand nombre d'entre eux étaient dévorés dès les premiers jours de leur existence. Pour que certains de leurs petits atteignent l'âge adulte, les dinosaures avaient une technique simple : ils pondaient énormément d'œufs !

Bien que de taille imposante (12 m), *Allosaurus* ne pouvait affronter à lui seul un *Seismosaurus* de 40 m de long !

Carcharodontosaurus

Il y a une centaine de millions d'années, à la limite du Crétacé inférieur et supérieur, sévissait l'un des plus terribles prédateurs : *Carcharodontosaurus*, le "lézard requin". Ce théropode vécut dans le Sahara, à l'époque où ce désert était encore recouvert de végétation luxuriante.

Il ne faut pas être pressé !

En 1927, des paléontologues français décrivirent les os et les dents d'un nouveau dinosaure : *Carcharodontosaurus*. On en trouva un peu partout dans le désert du Sahara : en Égypte, en Algérie et en particulier au Maroc. Malheureusement, le musée de Munich, dans lequel furent entreposés ces restes, fut détruit lors des bombardements de la Seconde Guerre mondiale. Il fallut attendre 1994 pour que des chercheurs marocains et américains découvrent un crâne entier dans le désert marocain. Ce crâne, long de 1,60 m, est plus gros que celui de *Tyrannosaurus* ! C'est grâce à ce crâne immense que *Carcharodontosaurus* est devenu célèbre, même si son squelette demeure pour le moment introuvable…

Empreintes de dents

Bien que les fossiles de *Carcharodontosaurus* soient rares et incomplets, les paléontologues sont parvenus à baptiser ce dinosaure, car ses dents (ci-contre) présentent une caractéristique remarquable que l'on ne rencontre pas chez les autres théropodes : elles possèdent de petites stries à l'arrière. Une dent suffit donc à identifier l'animal ! Quant à ces stries, on ne connaît pas véritablement leur usage… Peut-être servaient-elles à l'écoulement du sang de leurs victimes !

Un cousin outre-Atlantique

Giganotosaurus est l'autre membre de la famille des carcharodontosauridés. Ce gros carnivore argentin ressemble considérablement à son cousin africain. Il lui ressemble tellement que certains paléontologues pensent qu'il s'agit d'une seule et même espèce. Au début du Crétacé, le sud de l'océan Atlantique n'existait pas et ce qui est aujourd'hui l'Argentine touchait le continent africain. Les mêmes espèces étaient donc présentes simultanément sur les deux continents.

Sauropodophage ?

Carcharodontosaurus évoluait parmi les gigantesques sauropodes qu'étaient *Paralititan* et *Rebbachisaurus*.
Pour se nourrir, le "lézard requin" aurait pu s'attaquer à ces colosses herbivores qui pesaient jusqu'à plusieurs dizaines de tonnes à l'âge adulte. Mais il préférait sans doute croquer de jeunes individus ou affronter des dinosaures herbivores de taille plus modeste, dont on n'a pas retrouvé les restes.
Aujourd'hui encore, beaucoup de questions restent en suspens, car les paléontologues connaissent mal les dinosaures africains du milieu du Crétacé.

Les dents de la Terre

Tu t'interroges certainement sur la signification de ce nom un peu barbare qu'est *Carcharodontosaurus*... Cela veut dire tout simplement le "lézard carcharodon". Et tu te demandes à juste titre : qu'est-ce qu'un carcharodon ? Eh bien, c'est le nom scientifique du fameux grand requin blanc ! En effet, certaines dents de notre dinosaure ressemblent un peu à des dents de requins...

Les dicræosauridés et les rebbachisauridés

Proches parents des diplodocidés, ces deux familles de sauropodes possédaient également des dents en forme de petites baguettes. Mais contrairement à leurs cousins qui peuplaient les terres de l'Amérique du Nord, les dicræosauridés et les rebbachisauridés vivaient en Afrique, en Europe ainsi qu'en Amérique du Sud à la fin du Jurassique et au Crétacé.

Les dicræosauridés étaient caractérisés par les hautes épines bifurquées qui surmontaient les vertèbres de leur cou et de leur dos, leur donnant un petit air de toboggan vivant ! Ils furent présents essentiellement en Afrique et en Amérique du Sud à la fin du Jurassique et au début du Crétacé. Sauropodes de taille moyenne, ils possédaient des cous relativement courts et devaient se nourrir dans les arbres à des hauteurs ne dépassant pas 3 ou 4 m.

Les grands rebbachisauridés sont connus en Afrique et en Amérique du Sud. Quelques ossements d'un rebbachisauridé ont aussi été découverts en Espagne, démontrant l'existence de zones émergées entre l'Afrique et l'Europe au début du Crétacé. Ces dinosaures pouvaient donc passer à pied sec d'un continent à l'autre.

Rebbachisaurus
Le "lézard des Rebbaches" (tribu berbère du sud du Maroc) était un immense dinosaure découvert au début des années 1950 dans la région des Kem Kem, entre le Maroc et l'Algérie. Les quelques os gigantesques que l'on connaît de ce dinosaure laissent supposer qu'il pouvait atteindre plus de 40 m de long ! Il est donc l'un des plus gros dinosaures connus. *Rebbachisaurus* vivait il y a une centaine de millions d'années.

Dicræosaurus
Tout comme son cousin *Amargasaurus*, le "lézard bifurqué" possédait deux épines sur le dessus de ses vertèbres, d'où son nom. *Dicræosaurus* vivait en Afrique orientale à la fin du Jurassique, il y a 150 millions d'années environ, et pouvait atteindre une vingtaine de mètres de long.

Amargasaurus
Il est l'un des sauropodes les plus étonnants : les vertèbres de son cou très court et de son dos possédaient en effet deux très hautes épines verticales, qui constituaient une sorte de double crête sur son dos. Long de 12 m, le "lézard de la Amarga" (une localité argentine) vivait au sud de l'Amérique latine voici 130 millions d'années.

Bête à voile !

Certaines vertèbres de *Rebbachisaurus* sont surmontées d'une gigantesque épine qui peut atteindre 1,50 m de hauteur à elle toute seule ! Cet énorme sauropode possédait donc probablement un voile assez semblable à celui de son contemporain carnivore *Spinosaurus*. C'est le seul sauropode connu actuellement qui ait possédé une telle crête.

Nigersaurus
Le "lézard du Niger" provient des riches gisements de Gadoufaoua. Il vivait il y a 115 millions d'années en compagnie d'animaux comme *Ouranosaurus*. *Nigersaurus* mesurait une quinzaine de mètres de long.
Il avait la particularité de posséder plusieurs centaines de dents, bien plus que tous les autres sauropodes !

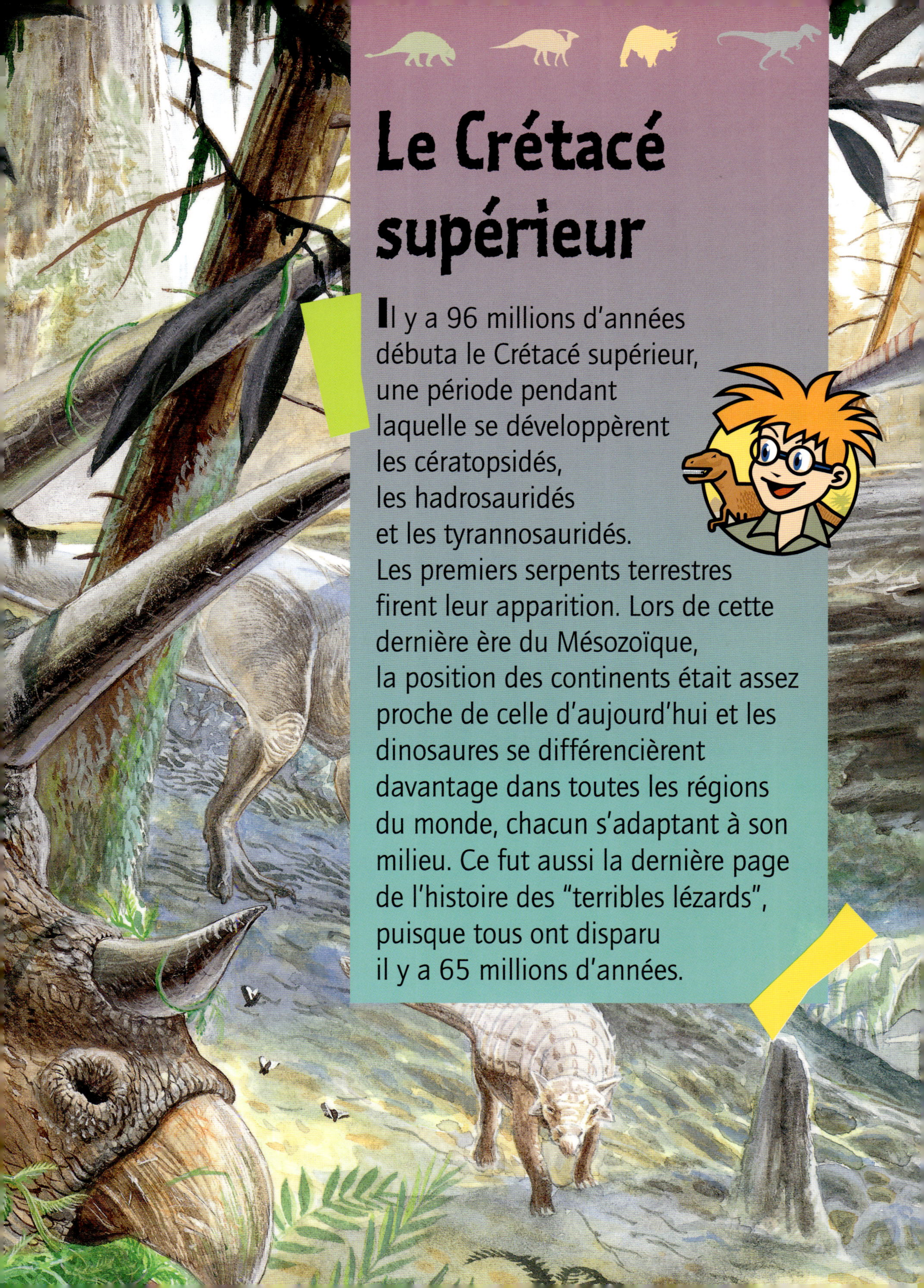

Le Crétacé supérieur

Il y a 96 millions d'années débuta le Crétacé supérieur, une période pendant laquelle se développèrent les cératopsidés, les hadrosauridés et les tyrannosauridés. Les premiers serpents terrestres firent leur apparition. Lors de cette dernière ère du Mésozoïque, la position des continents était assez proche de celle d'aujourd'hui et les dinosaures se différencièrent davantage dans toutes les régions du monde, chacun s'adaptant à son milieu. Ce fut aussi la dernière page de l'histoire des "terribles lézards", puisque tous ont disparu il y a 65 millions d'années.

La vie sur les continents

À la fin du Crétacé, le monde vivant était foisonnant : reptiles, oiseaux, ptérosaures et mammifères se multipliaient. Ce fut l'apogée du règne des dinosaures. Ils ne furent jamais aussi nombreux et aussi diversifiés.

Dans cette forêt de conifères d'Amérique du Nord, *Triceratops* ⑥ arrache avec son bec les feuilles des fougères. Le véloce *Bambiraptor* ① bondit pour attraper un petit mammifère. En arrière-plan, *Ankylosaurus* ⑤ cherche un endroit pour se reposer, tandis que *Tyrannosaurus* ④ est à l'affût, prêt à se jeter sur l'un des *Parasaurolophus* ③ qui passent plus bas. Une mère *Pachycephalosaurus* ② et son petit, ayant senti le danger, fuient vers un lieu plus sûr. À cette époque, de nouveaux groupes de dinosaures, tels les hadrosauridés ③ et les cératopsidés ⑥, font leur apparition. Ils se développent rapidement, ainsi que les

thérizinosauridés, les oviraptoridés au corps entièrement recouvert de plumes, ou encore les étranges pachycéphalosauridés ②.
Les dinosaures les plus gigantesques sont les titanosauridés.
Les carnivores les plus gros sont les célèbres *Carcharodontosaurus* ou *Tyrannosaurus* qui approchent les 15 m !
Les mammifères prennent une place de plus en plus importante dans le monde à la fin du Crétacé.
Si la plupart d'entre eux sont encore de minuscules mangeurs d'insectes, d'autres, en revanche, atteignent la taille d'un blaireau et se nourrissent de feuilles et de graines.

La vie dans les océans

Au cours du Crétacé, les océans furent marqués par de nombreux bouleversements, et notamment par l'apparition de nouveaux prédateurs. D'étranges poissons osseux nageaient à la recherche de petites proies, accompagnés dans leur chasse par des requins et par les terribles mosasaures. Il y eut aussi des carnivores plus discrets – mais très efficaces ! – comme les crabes et les homards.

Les grands ichthyosaures, qui avaient dominé les mers du Jurassique, disparurent sans descendance au tout début du Crétacé supérieur. Ils furent remplacés par des grands prédateurs marins, les mosasaures, les "lézards de la Meuse" (ici *Plotosaurus* ①).

Ces lointains cousins de nos varans mesuraient jusqu'à 15 m de long. Ils se nourrissaient de poissons charnus et d'ammonites, toujours abondantes dans les océans. Certains plésiosaures devinrent gigantesques : *Elasmosaurus* ②, par exemple, atteignait 14 m de long.

Dans le monde des prédateurs de la fin de l'ère secondaire figuraient les premiers requins carnivores, ainsi que de gros poissons comme *Xiphactinus* ③, de plus de 4 m de long. D'autres redoutables chasseurs apparurent également : les tortues marines ! L'un des plus beaux spécimens

fut l'énorme *Archelon* ④ à la taille et au poids impressionnants : 4 m de long et 1 tonne !
Quant aux ptérosaures tel *Pteranodon* ⑤, ils devaient raser la surface des mers pour happer des poissons, mais n'hésitaient pas non plus à poursuivre les oiseaux.

Hesperornis ⑥, qui vivait en Amérique du Nord, avait des ailes atrophiées. Comme nos pingouins actuels, il devait passer l'essentiel de son temps dans la mer à pêcher des poissons.

Les marginocéphales

"Têtes de carnaval" pourrait-on dire pour qualifier les marginocéphales, ces animaux herbivores apparus au début du Crétacé. Leur crâne développait en effet des excroissances osseuses des plus surprenantes. Elles ne revêtaient pourtant pas le même aspect chez les cératopsiens et les pachycéphalosaures, les deux grands groupes qui composent les marginocéphales.

L'excroissance osseuse est parfaitement visible sur le crâne de ce *Pachycephalosaurus*.

(1) *Protoceratops*
(2) *Torosaurus*
(3) *Psittacosaurus*
(4) *Stegoceras*

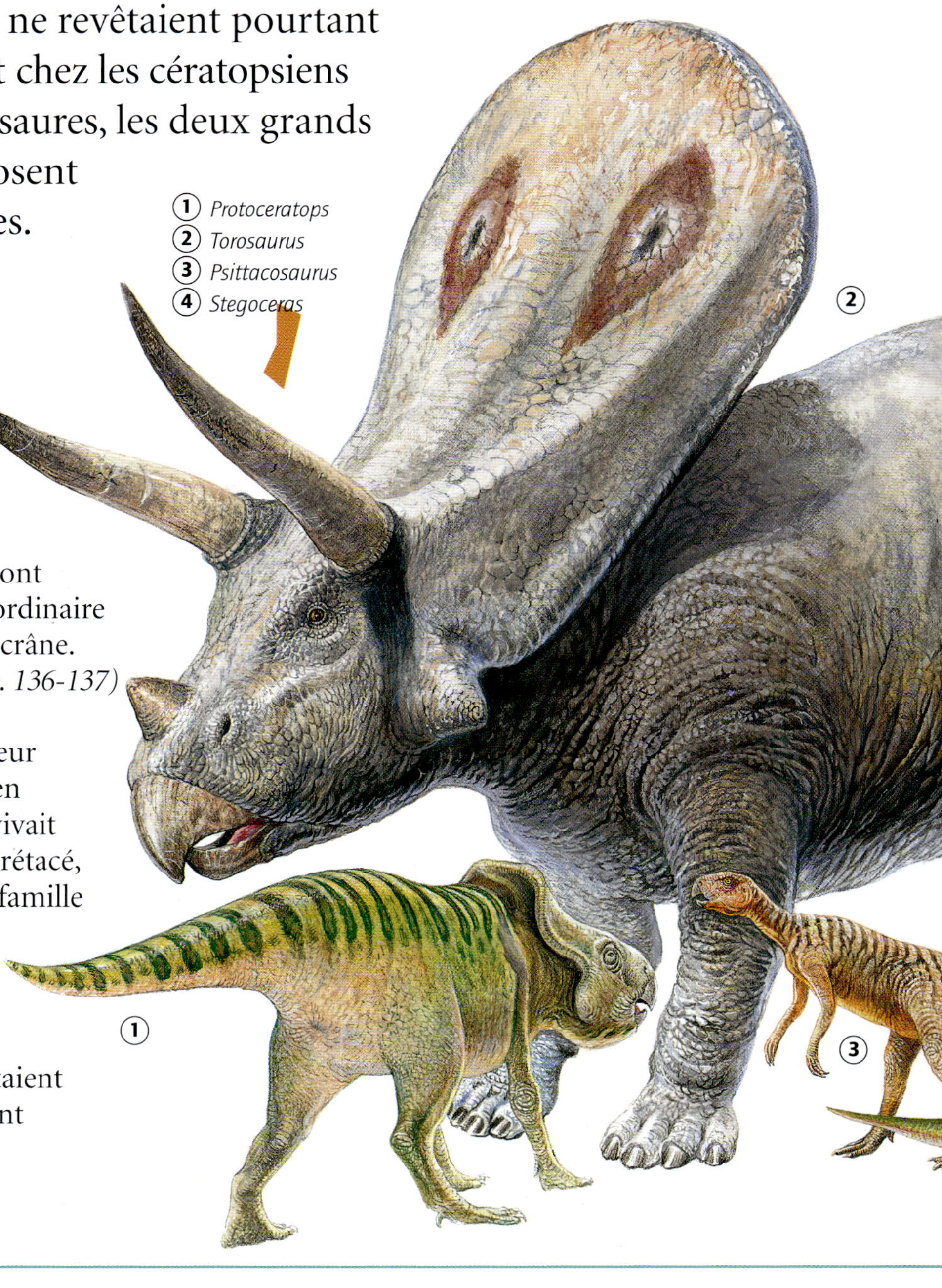

Les lézards à "tête épaisse"

Les pachycéphalosaures sont caractérisés par un extraordinaire épaississement des os du crâne. *Pachycephalosaurus (voir p. 136-137)* avait une sorte de dôme osseux de 20 cm d'épaisseur sur la tête. Si le plus ancien des pachycéphalosaures vivait en Europe au début du Crétacé, les autres membres de la famille sont tous asiatiques et nord-américains. Contrairement à leurs cousins les cératopsidés, les pachycéphalosaures étaient bipèdes et la plupart furent d'assez petits animaux.

Les lézards à “face cornue”

Les plus primitifs des cératopsiens, les psittacosaures, étaient de petits animaux bipèdes ayant vécu uniquement en Asie au début du Crétacé *(voir p. 120-121)*. Leurs successeurs, quadrupèdes et nettement plus grands, ont colonisé l’Amérique du Nord. On ne les trouve nulle part ailleurs. Chez les cératopsiens, ce sont les os de l’arrière de la tête qui se sont développés de manière étonnante, formant toutes sortes de collerettes. Des cornes apparaissaient sur le reste du crâne. Si ces excroissances restaient peu marquées chez les psittacosaures et les protocératopsidés , elles atteignaient des proportions remarquables chez les grands cératopsidés de la fin du Crétacé. Hérissés de cornes, ces lourds herbivores devaient un peu ressembler à d’immenses rhinocéros.

4

Séducteurs ou bagarreurs ?

De nos jours, les animaux, possédant de telles protubérances osseuses (bovidés ou rhinocéros), se battent habituellement entre mâles pour la possession des femelles. Ils utilisent aussi leurs puissantes cornes pour affronter les prédateurs lorsqu’ils ne peuvent plus fuir. On suppose donc que les marginocéphales avaient des comportements comparables. Les cératopsidés défiaient peut-être des carnivores tel que *Tyrannosaurus* avec leur redoutable crâne cornu.

Les mâles pachycéphalosaures devaient s’affronter à grands coups de crâne épais pour conquérir les femelles.

Des animaux sociaux

Divers indices laissent supposer que certains marginocéphales (protocératopsidés, psittacosaures et cératopsidés) vivaient en troupeau. Ce mode de vie facilitait la protection des jeunes, défendus par les adultes les plus puissants, contre les attaques de carnivores.

Les cousins des marginocéphales

Au sein des ornithischiens, les ornithopodes et les marginocéphales sont de proches cousins. Pourtant, il n’y a pas de ressemblances frappantes entre un *Triceratops* et un *Parasaurolophus* ! Mais en étudiant les représentants les plus primitifs des deux groupes, tels *Psittacosaurus* et *Hypsilophodon*, les paléontologues se sont aperçus qu’il y avait beaucoup de similitudes (morphologie, taille, bec, etc.), sans doute héritées de leur ancêtre commun.

Les pachycéphalosauridés

Les pachycéphalosauridés sont des dinosaures herbivores très mal connus, car les paléontologues n'en ont découvert que très peu d'ossements. Ils ont retrouvé essentiellement des crânes, mais, hélas, rarement le reste des squelettes. Voilà une famille qui ne confie pas aisément ses secrets !

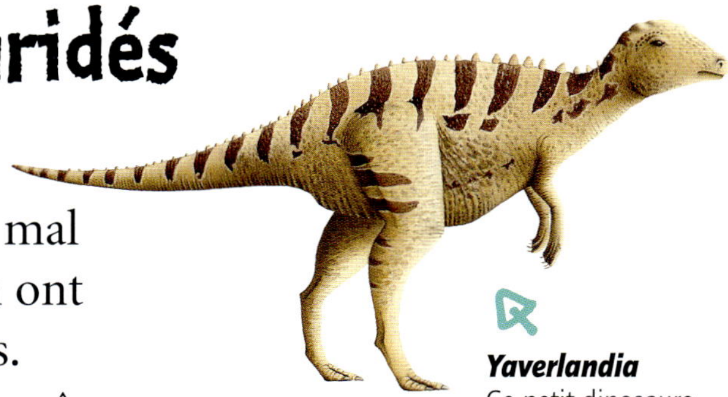

Yaverlandia
Ce petit dinosaure ("de la pointe de Yaverland") est le plus ancien des pachycéphalosauridés. Il vivait en Europe voici 125 millions d'années. On ne connaît de lui qu'un morceau de crâne ! *Yaverlandia* devait mesurer moins de 1,50 m de long.

Ces dinosaures bipèdes mesuraient entre 2 et 5 m de long. Les os de leur crâne étaient extrêmement épais : celui de *Pachycephalosaurus*, long de 60 cm, atteignait une épaisseur de 20 cm ! En plus de cet épaississement des os, les crânes comportaient souvent d'étranges protubérances. Les paléontologues ont divisé les pachycéphalosauridés en deux sous-familles : les "têtes plates", aux os du crâne moins épais, et les "têtes en forme de dôme", tels *Pachycephalosaurus*. Certains chercheurs pensent que ceux à "tête plate" utilisaient leur crâne épais pour des combats tête contre tête, un peu sur le modèle des béliers. Chez les dinosaures "à dôme", les chercheurs sont plus sceptiques. Avec un crâne arrondi, le combat tête contre tête était certainement plus difficile, car les crânes devaient glisser l'un contre l'autre lors du choc. Les mâles à tête ronde devaient plutôt se donner de grands coups dans les flancs. Face à des prédateurs, les pachycéphalosauridés pouvaient également charger, bien que ces paisibles animaux aient eu plutôt l'habitude de fuir lorsqu'un danger survenait.

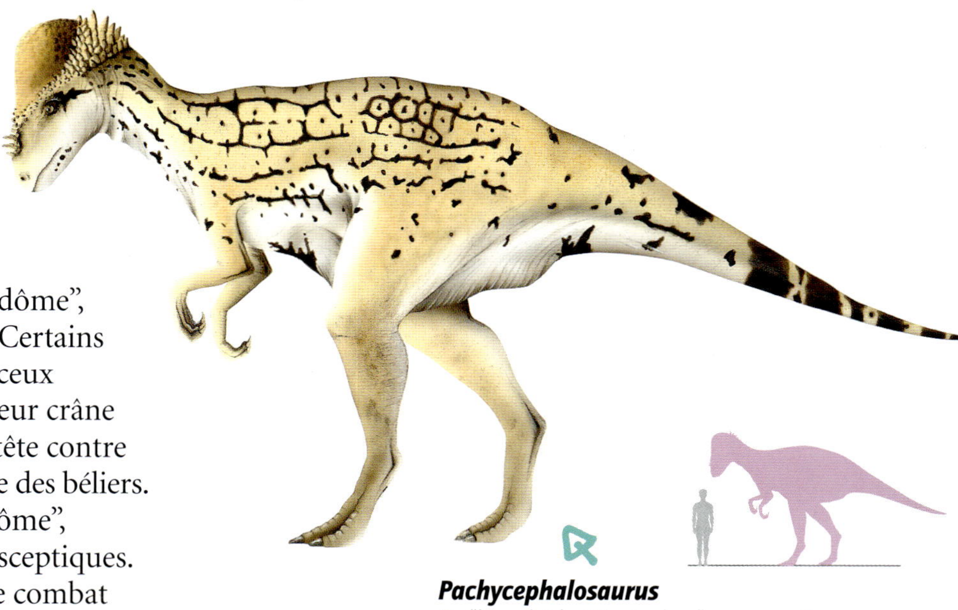

Pachycephalosaurus
Ce "lézard à la tête épaisse", avec ses 5 m de long, est le plus gros pachycéphalosauridé connu. Il vivait en Amérique du Nord à la fin du Crétacé. On ne connaît pour l'instant que son crâne.

Stygimoloch
Ce "démon du Styx" (la rivière des Enfers), de 2,50 m de long, est le représentant le plus étrange de la famille. En plus du dôme osseux sur son crâne, il possédait d'étonnantes protubérances osseuses à l'arrière du crâne, qui ressemblaient à des cornes.

Tortue, va !

Si tu avais fait la course avec ces grosses bêtes, tu aurais gagné (tout comme moi d'ailleurs) haut la main ! Car les quelques connaissances que nous avons sur le squelette des pachycéphalosauridés laissent penser qu'ils n'étaient pas des gazelles ! Leur fémur est en effet plus long que leur tibia, ce qui caractérise généralement les animaux plutôt lents.

Homalocephale
Ce pachycéphalosaure à "tête plate" ne possédait pas le dôme osseux de ses cousins, mais avait plusieurs rangées de petites protubérances osseuses à l'arrière du crâne. Il vivait en Mongolie à la fin du Crétacé et mesurait 3 m de long.

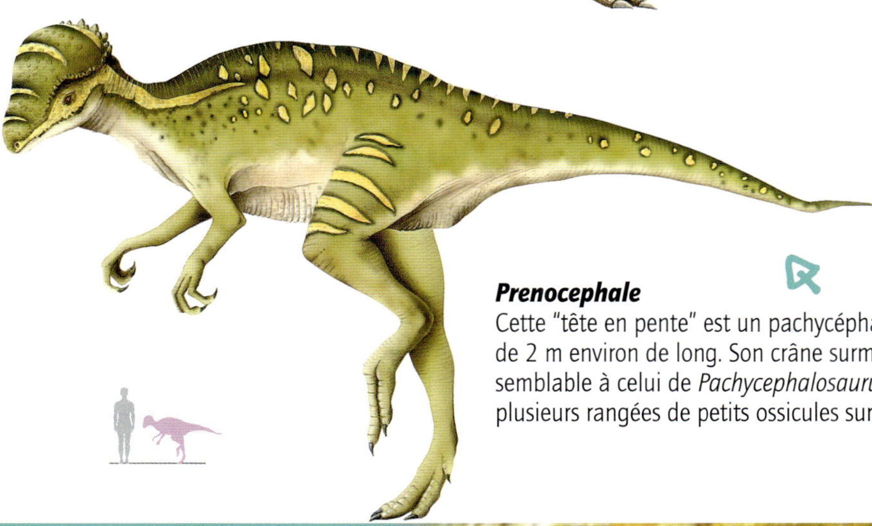

Prenocephale
Cette "tête en pente" est un pachycéphalosaure de Mongolie de 2 m environ de long. Son crâne surmonté d'un dôme osseux semblable à celui de *Pachycephalosaurus* possédait également plusieurs rangées de petits ossicules sur les côtés.

Les protocératopsidés

Les protocératopsidés sont des sortes de cératopsidés miniatures. Ces petits dinosaures herbivores promenaient leurs collerettes en Asie et en Amérique du Nord au Crétacé supérieur.

Les protocératopsidés furent les “premières faces cornues”. En réalité, contrairement à leurs grands cousins les cératopsidés, ces animaux ne possédaient pas de véritables cornes, mais des excroissances osseuses sur le nez pour certains, et sur les joues pour d’autres. Ils découpaient la végétation à l’aide de leur bec puissant, puis la mâchaient avant de l’avaler. Apparemment, la plupart des protocératopsidés vivaient en troupeaux. Ces dinosaures étaient munis d’une petite collerette à l’arrière du crâne, semblable à celle des cératopsidés. En étudiant les nombreux crânes de *Protoceratops* découverts en Mongolie, un paléontologue américain s’est aperçu qu’il en existait deux sortes : certains – ceux des mâles – étaient dotés d’une bosse plus proéminente sur le nez et d’une collerette plus verticale que d’autres. Chez les mâles adultes, on peut penser que plus la collerette était importante, plus son possesseur avait de succès auprès des femelles ! *Protoceratops* est l’un des très rares dinosaures chez lesquels les paléontologues savent reconnaître les mâles des femelles.

Leptoceratops
"La petite face cornue" (*leptos* signifie petit en grec) a été découverte en Amérique du Nord, où elle vivait il y a 70 millions d’années. Les plus grands squelettes connus de *Leptoceratops* mesurent 2,50 m de long environ. Ce dinosaure avait un crâne très court, une mâchoire inférieure au bord bien arrondi et une collerette extrêmement courte. Il a pu être bipède occasionnellement.

Un ancêtre chinois

Décrit en 2002, *Liaoceratops* ("la face cornue du Liaoning") a été découvert en Chine. Vieux de 125 millions d'années, ce petit dinosaure possédait une courte collerette semblable à celle des protocératopsidés. La présence de cette "couronne" laisse penser qu'il était sans doute l'ancêtre de la famille !

Bagaceratops
"La petite face cornue" (*baga* signifie petit en mongol) vivait en Mongolie il y a 80 millions d'années environ. D'une longueur de 1,50 m à peine, il possédait une collerette très courte et une bosse sur le museau.

Montanoceratops
"La face cornue du Montana", de 3 m environ de long, vivait il y a 70 millions d'années au Canada. Il était doté d'une collerette bien développée et d'une grosse proéminence osseuse sur le museau.

Protoceratops
"La première face cornue" vivait il y a 75 millions d'années en Mongolie. Découvert en 1922 par une expédition américaine, ce dinosaure pouvait atteindre plus de 2 m de long et peser 150 kg. La grande collerette de *Protoceratops* est percée de deux larges ouvertures.

Les cératopsidés

Plus importante famille de marginocéphales, les cératopsidés se sont surtout développés à la fin du Crétacé en Amérique du Nord. Les formes variées de leurs collerettes et la disposition de leurs cornes permettent aux paléontologues de différencier les nombreuses espèces de ce groupe.

Chasmosaurus
Le crâne de ce "lézard troué" mesurait 2 m de long, soit plus du tiers de sa longueur totale. Sa grande collerette était percée de deux très larges trous (d'où son nom). Il possédait une petite corne nasale, et deux autres cornes plus développées au-dessus des yeux.

Les cératopsidés possédaient tous une dentition extrêmement efficace. Ils coupaient la végétation avec leur bec corné. Leurs mâchoires qui comprenaient de nombreuses petites dents fonctionnaient ensuite comme un sécateur, coupant les plantes en morceaux avant de les avaler.

Styracosaurus
Le "lézard à piques" (5 m de long) était l'un des cératopsidés les plus impressionnants. Sa longue corne nasale représentait une arme redoutable, et les six très longues piques qui prolongeaient sa collerette vers l'arrière devaient effrayer ses adversaires ou attirer ses partenaires.

Mourir en famille

Dans l'Alberta (Canada), les paléontologues ont retrouvé de fantastiques accumulations de squelettes de *Centrosaurus* (jeunes et adultes), dans des roches formées dans les anciens lits de rivière. Ce sont peut-être là des restes d'animaux qui se sont noyés en traversant le fleuve. Les cératopsidés vivaient sans doute en troupeaux de plusieurs dizaines de milliers d'animaux. Régulièrement, ils effectuaient de longues migrations vers de nouveaux pâturages, ce qui les contraignait à traverser des cours d'eau tumultueux. De nos jours, les mêmes phénomènes se produisent fréquemment en Afrique lorsque d'immenses troupeaux de gnous tentent de franchir des rivières en crue. Les plus malchanceux périssent noyés et leurs cadavres s'accumulent en aval. Ainsi se forment les futurs gisements paléontologiques…

Pachyrhinosaurus
Ce "lézard au nez épais" de 5 m de long ne possédait pas de cornes mais un gros renflement osseux sur le museau et diverses pointes sur sa collerette. Certains paléontologues pensent que cette grosse bosse nasale servait à l'implantation d'une énorme corne.

Pentaceratops
La "face à cinq cornes" a été découverte au Nouveau-Mexique (États-Unis). C'est un énorme cératopsidé, dont les plus gros crânes mesurent 2,70 m ! Sa collerette dentelée était percée de deux très grosses ouvertures. En plus d'une corne nasale et de deux cornes au-dessus des yeux, il en possédait deux petites sur les joues.

Centrosaurus
Le "lézard à la pointe acérée" atteignait 6 m de long et possédait deux grandes ouvertures dans sa collerette et une puissante corne nasale. Il avait un crâne plus court que la plupart des autres cératopsidés.

Triceratops

Avec un poids de près de 7 tonnes, une longueur de 8 à 10 m et un crâne de 2,50 m, *Triceratops* fut sans aucun doute le plus gros de tous les cératopsidés. Il vécut en Amérique du Nord dans les derniers millions d'années du Crétacé et fut l'une des victimes du cataclysme de la fin du Secondaire.

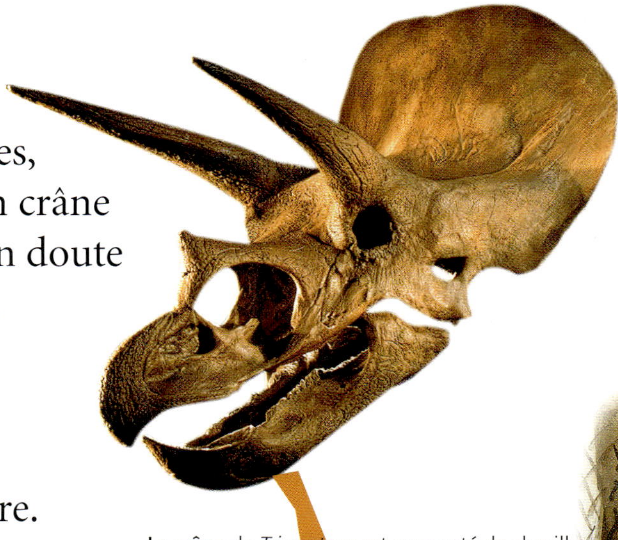

Le crâne de *Triceratops* est surmonté de chevilles osseuses longues de 20 à 30 cm. Du vivant de l'animal, celles-ci étaient recouvertes d'un étui corné beaucoup plus long, mais dont la taille exacte reste inconnue (1 m peut-être ?) car la corne ne se fossilise pas.

Bête à trois cornes

Triceratops possédait deux grandes cornes au-dessus des yeux, et une troisième petite corne nasale. Il doit son nom à cette particularité anatomique, *Triceratops* signifiant “la face à trois cornes”. Muni de ces puissants appendices, ce cératopsidé devait être un adversaire redoutable pour les plus gros prédateurs de l'époque. Même les tyrannosaures n'osaient pas s'attaquer à des *Triceratops* adultes – et d'ailleurs ces deux espèces ne s'affrontaient jamais. Les redoutables carnivores leur préféraient sans doute les animaux malades et très affaiblis, ou se contentaient de cadavres de *Triceratops* morts accidentellement.

Tous les mêmes !

Les paléontologues américains ont répertorié treize espèces de *Triceratops* entre 1889 et 1949. Marsh, à lui tout seul, en a décrit neuf, à partir de petites dissemblances dans la forme des cornes. Les chercheurs actuels pensent qu'il n'existait en fait qu'une seule espèce, mais que la taille et la forme des cornes variaient d'un individu à l'autre. La forme des cornes paraît différente chez les grands mâles - où elles sont dirigées vers le haut - et chez les femelles, plus petites - aux cornes dirigées vers l'avant.

Quelle jolie collerette !

En examinant de près la collerette, on s'aperçoit qu'elle est constituée d'os parcourus en tout sens de sillons plus ou moins profonds. Il s'agit des traces de vaisseaux sanguins. Du vivant de l'animal, ces vaisseaux

étaient recouverts de peau et devaient donner une couleur vive à la collerette. Cette “coloration” rendait probablement ces gigantesques animaux encore plus impressionnants pour les prédateurs qui les apercevaient. Comme chez beaucoup d’autres dinosaures, cette collerette servait peut-être aussi de climatiseur.

Sacré farceur !

À la fin du XIXe siècle, un géologue apporta à O. C. Marsh deux grosses cornes fossilisées découvertes dans le Far West. Le célèbre paléontologue pensa alors qu’il s’agissait des cornes d’un bison géant et il l’appela *Bison alticornis*, le “bison à hautes cornes”. Mais lorsqu’un autre chercheur lui confia un crâne entier avec ces mêmes types de cornes, il se rendit compte de son erreur. Adieu bison ! Il avait entre les mains les restes d’un nouveau genre de dinosaure qu’il baptisa *Triceratops*.

Végétarien uniquement

Ainsi que ses cousins les cératopsidés, *Triceratops* se nourrissait d’une végétation basse qu’il découpait à l’aide de son puissant bec corné. Les plantes (fougères, prêles) étaient ensuite déchiquetées par les dents tranchantes de l’animal avant d’être avalées.

Les ankylosauridés : les chars d'assaut

Herbivores lents, très lents, les ankylosauridés auraient pu être la proie idéale des prédateurs de cette époque. Heureusement, l'évolution a bien fait les choses et les a pourvus d'une épaisse cuirasse osseuse extrêmement efficace. Si nécessaire, un bon coup de la lourde massue que la plupart possédaient au bout de la queue devait décourager les plus téméraires des dinosaures carnivores.

Gargoyleosaurus
"Le lézard gargouille" est le plus ancien ankylosauridé connu. Long seulement de 3 m, il vivait en Amérique du Nord il y a 140 millions d'années environ. Comme son nom l'indique, son crâne ressemblait beaucoup aux gargouilles des cathédrales.

Contrairement à leurs cousins les nodosauridés qui se sont largement répandus à la surface de la planète, les ankylosauridés ont vécu uniquement en Amérique du Nord et en Asie à la fin du Jurassique et au Crétacé.
Ils étaient entièrement recouverts d'os. Leur crâne triangulaire était renforcé par des plaques osseuses et par des cornes ; *Euoplocephalus* avait même des paupières en os ! Dans toute la peau du cou, du dos et des flancs étaient insérées d'autres plaques osseuses de toute taille qui caparaçonnaient l'animal.
Cette cuirasse devait les rendre pratiquement invulnérables, à moins que d'astucieux prédateurs ne réussissent à les retourner. Leur ventre en effet, dépourvu d'armure, constituait leur point faible. Le large bec qu'ils possédaient à l'avant du crâne permettait aux ankylosauridés de couper sans distinction tous les végétaux, même les plus coriaces.

Talarurus
Long de 5 m, ce dinosaure vivait en Mongolie il y a 90 millions d'années. Son nom, "queue en osier", est une allusion aux nombreuses baguettes osseuses qui s'entrecroisaient dans la queue des ankylosauridés, un peu comme dans un panier en osier !

Ça va faire mal !

Tu sais bien sûr que la fameuse "massue" des ankylosauridés était constituée de plaques osseuses accolées aux dernières vertèbres de la queue. Mais sais-tu que cette massue pouvait mesurer plusieurs dizaines de centimètres de long et peser des dizaines de kilos !? Balancée dans les jambes d'un prédateur avec toute la force des puissants muscles qui actionnaient la queue, elle pouvait certainement infliger de graves fractures aux tyrannosauridés… Il valait donc mieux réfléchir à deux fois avant de s'attaquer aux paisibles ankylosauridés !

Tarchia

Le "cerveau" ou le "doué" (en langue mongole) doit son nom au fait qu'il possédait un cerveau relativement gros. L'un des géants de la famille, avec ses 8 m de long pour près de 3 t, a vécu à la fin du Crétacé en Mongolie. Il mérite sans aucun doute la comparaison avec un char d'assaut !

Euoplocephalus

Ce dinosaure à "la tête bien cuirassée" vivait il y a 70 millions d'années en Amérique du Nord. Avec ses 7 m de long et ses 2 t, c'était l'un des plus gros représentants de la famille et l'un des mieux armés avec ses paupières osseuses.

Un célibataire endurci

Les squelettes des ankylosauridés sont rares. On n'en découvre souvent qu'un seul par gisement fossilifère. Les paléontologues pensent donc que ces animaux devaient mener une existence solitaire, ne se retrouvant qu'à la période des amours.

Pinacosaurus

Ce "lézard à la tête recouverte d'une planche" vivait il y a 85 millions d'années en Asie. Les adultes atteignaient 5 m de long. Des chercheurs canadiens ont découvert, dans le désert de Gobi, de nombreux squelettes de bébés pinacosaures apparemment morts durant une tempête de sable. Avant de partir mener leur vie en solitaire, les petits devaient donc passer leur jeunesse entre frères et sœurs.

Les oviraptoridés : drôles d'oiseaux !

Dans la famille des "étranges", voici les oviraptoridés, les théropodes sans dents et recouverts de vraies plumes d'oiseaux ! Ils étaient tellement étranges que les paléontologues hésitent encore à les classer parmi les dinosaures ou parmi les oiseaux.

Ces animaux possédaient un squelette de petit dinosaure carnivore muni de longs bras aux griffes recourbées et un crâne très surprenant à nul autre pareil. Le sommet de leur tête était orné, pour la plupart d'entre eux, d'une crête proéminente. Leur mâchoire édentée était recouverte d'un bec corné. On ne connaît pas avec certitude leur alimentation, mais des découvertes récentes laissent supposer qu'ils étaient plutôt herbivores.

Caudipteryx
Son squelette a été exhumé en Chine dans la province du Liaoning. Ce petit oviraptoridé long de 80 cm et vieux de 125 millions d'années est particulièrement bien conservé, avec notamment des traces de peau. C'est par lui que le scandale est arrivé car il possédait de vraies plumes, en tout point semblables à celles des oiseaux. Parmi ses autres particularités, la présence de gastrolithes suggère un régime alimentaire végétarien.

Conchoraptor
Malgré son nom qui signifie "voleur de coquillages", rien ne nous confirme qu'il mangeait vraiment des moules ! Ce dinosaure de près de 2 m de long vivait en Mongolie il y a 80 millions d'années.

Au pays de Gengis Khan

Tu connais probablement le grand empereur de la Mongolie au XIIe, Gengis Khan, mais sais-tu parler la langue mongole ? Elle est dans tous les cas familière aux paléontologues, car beaucoup de dinosaures et presque tous les oviraptoridés répertoriés actuellement proviennent des gisements exceptionnels du désert de Gobi, en Mongolie. C'est pourquoi plusieurs d'entre eux portent des noms mongols comme *Ingenia*, *Citipati* ou *Khan* (signifiant "le seigneur").

Ingenia
Ce petit oviraptoridé vivait en Mongolie à la fin du Crétacé. À la différence de ses cousins, ce dinosaure long de 1,30 m ne possédait pas de crête sur le museau.

Citipati
Le "seigneur du tombeau" (en langue mongole) était un autre habitant du désert de Gobi. C'est le plus grand des oviraptoridés connus à ce jour, puisqu'il pouvait atteindre 3 m de long.

Oviraptoridé, je te plumerai !

On sait à présent que les oiseaux sont les descendants des dinosaures, et plus précisément des théropodes de la famille des dromæosauridés. Les oviraptoridés posent un problème car ils possédaient des vraies plumes, semblables à celles des oiseaux. Sont-ils donc des dinosaures à plumes ? Cela signifierait alors que la plume est apparue deux fois dans l'histoire de la vie : une fois chez les oiseaux, et une autre fois chez les oviraptoridés (puisque les dromæosauridés, ancêtres des oiseaux, en sont dépourvus). Ou alors, hypothèse plus probable, il s'agirait simplement d'oiseaux incapables de voler, que l'on aurait pris pendant 80 ans pour des dinosaures. Dans ce cas, les plumes seraient apparues une seule fois, chez le premier oiseau. Cette incertitude montre bien la difficulté à faire la différence entre oiseaux et dinosaures !

Oviraptor

Les oviraptoridés ont leur “célébrité”, un dinosaure qui est à l’origine du nom de la famille : *Oviraptor*, le “voleur d’œuf”. Ce petit animal bipède vivait en Mongolie à la fin du Crétacé, il y a environ 80 millions d’années. Depuis sa découverte, les paléontologues se posent beaucoup de questions à son sujet : oiseau ou dinosaure ?

Oviraptor, le mal-nommé

Au début des années 1920, des paléontologues américains mirent au jour de fantastiques gisements de dinosaures dans le désert de Gobi. Cette découverte eut un fort retentissement. Dans les mêmes couches géologiques, ils trouvèrent de nombreux œufs ainsi que les squelettes de deux espèces : le petit herbivore *Protoceratops* et l’étrange *Oviraptor*. Que pouvait manger ce théropode dépourvu de dents ? Pour le paléontologue H. F. Osborn, il n’y avait pas l’ombre d’un doute : *Oviraptor* se nourrissait des œufs de *Protoceratops*.
Ainsi naquit une belle légende qui perdura soixante-dix ans : le “méchant” *Oviraptor* mangeait les œufs du “gentil” *Protoceratops*.

Reconnu innocent

Ce n’est que vers le milieu des années 1990 que de nouvelles expéditions dans cette région démentirent cette hypothèse. Les chercheurs découvrirent alors de nouveaux squelettes d’*Oviraptor* posés sur des nids contenant des œufs semblables à ceux que leurs confrères avaient déniché quelques dizaines d’années plus tôt. À l’intérieur des œufs : des embryons… d’*Oviraptor* ! Ces squelettes étaient en réalité ceux de femelles mortes en train de couver ! Loin d’être des pilleurs d’œufs, les *Oviraptor* étaient en réalité des parents très attentionnés !

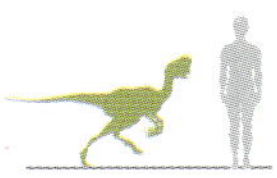

Depuis la découverte de son cousin *Caudipteryx* en Chine, les paléontologues pensent qu'*Oviraptor* était entièrement recouvert de plumes...

Bête à crête

Ce très curieux animal, dépourvu de dents, possédait un bec et une grande crête sur le sommet de sa tête, constituée par les os de l'avant du crâne. Cette excroissance ressemble beaucoup à celle d'un oiseau d'aujourd'hui, le casoar. Comme chez ce dernier, la crête d'*Oviraptor* était probablement recouverte de corne du vivant de l'animal, constituant une sorte de prolongement du bec.
Ce théropode utilisait peut-être sa crête – sur le modèle du casoar – pour écarter les feuillages lorsqu'il se déplaçait dans les sous-bois.

Le sable, ça conserve !

De nombreux squelettes d'*Oviraptor* ont été découverts dans le désert de Gobi, une région du globe très inhospitalière située à cheval entre la Mongolie et la Chine. Il y a 70 millions d'années, le climat de la région était déjà aride. Des dunes de sable avançaient au gré des vents. Les géologues pensent que les nombreux dinosaures trouvés dans cette région sont morts lors de tempêtes de sable particulièrement violentes. Ainsi, certains *Oviraptor* auraient continué à couver leurs œufs malgré la tornade, et auraient été recouverts de sable. On les retrouve aujourd'hui dans l'exacte position où la mort les a frappés.

Les hadrosauridés : les “becs de canard”

À la fin de l’ère secondaire, les hadrosauridés occupaient une place dominante dans le paysage. Les membres de cette famille présentaient des formes extrêmement variées. Si leur corps était à peu près identique, leur tête arborait des excroissances des plus curieuses : tube, crête, casque, etc.

Tsintaosaurus
Le “lézard de Tsintao” a un léger air de licorne avec son étrange crête dressée au-dessus des yeux. Certains chercheurs ont pensé que celle-ci n’était pas naturelle, mais provenait d’une déformation du crâne pendant la fossilisation. Des paléontologues chinois ont pourtant trouvé un deuxième crâne présentant exactement la même protubérance ; ce qui confirma l’existence de cet animal à la fin du Crétacé en Chine.

Leur surnom “dinosaures à bec de canard” vient de leur large bec plat recouvert de corne. Si les hadrosauridés ne possédaient aucune dent à l’avant de cette mâchoire élargie, ils avaient des “batteries dentaires” à l’arrière. Dans chaque alvéole, il y avait entre trois et cinq dents, dont deux ou trois étaient en service en même temps. L’ensemble formait une râpe qui permettait de broyer des végétaux coriaces. Certains hadrosaures, tel *Edmontosaurus*, possédaient ainsi près d’un millier de dents ! Les membres antérieurs de ces dinosaures étaient toujours bien plus courts que les membres postérieurs. On a d’abord cru que ces animaux étaient bipèdes. Mais en étudiant de près leurs squelettes, on s’est aperçu que leur colonne vertébrale et leur queue étaient horizontales, comme chez les quadrupèdes. Ils devaient certainement se tenir sur quatre pattes lorsqu’ils marchaient ou se nourrissaient, et sur deux quand ils couraient.

Charonosaurus
Le “lézard de Charon” (batelier du fleuve des Enfers), de 13 m de long, vivait entre la Chine et la Russie il y a 65 millions d’années. Comme son cousin américain *Parasaurolophus*, il possédait un long tube sur le crâne.

Parasaurolophus
Ce dinosaure "proche du lézard à crête" atteignait 10 m de long. Il possédait, au-dessus de la tête, une sorte de tube osseux de près de 2 m de long qui était creux et relié à ses narines.

Le musicien du Crétacé

Les paléontologues ont d'abord pensé que la crête de *Parasaurolophus* était un énorme tuba lui permettant de respirer sous l'eau... Ils se rendirent compte que c'était impossible, car la crête ne possédait aucune ouverture à son extrémité. À quoi pouvait-elle alors servir ? Eh bien, le dinosaure utilisait sans doute cette crête comme une sorte d'instrument de musique. Des chercheurs ont reconstitué son cri en fabriquant un tube en plastique de la même forme et en faisant passer de l'air dedans ! Tu peux écouter *Parasaurolophus* mugir chez toi grâce à Internet (http://www.nmmnh-abq.mus.nm.us/nmmnh/nmmnh.html). Tu verras, c'est génial : tu entendras une sorte de bruit de trombone ou de sirène de bateau...

Edmontosaurus
Il a vécu en Amérique du Nord à l'extrême fin du Crétacé supérieur. Avec ses 13 m de long et ses 4 t, il est l'un des plus gros hadrosauridés connus.

Corythosaurus
Il avait une sorte de casque sur la tête, comme les casoars (oiseaux actuels). Son nom complet, *Corythosaurus casoarensis*, signifie d'ailleurs le "lézard à casque de casoar". Il a été découvert en Amérique du Nord et atteignait 10 m de long.

Les abelisauridés

Quels sont les animaux qui ressemblent le plus aux redoutables tyrannosauridés… ? Les abelisauridés, de grands dinosaures carnivores qui peuplèrent les continents du Sud au Crétacé. Leurs sortes de cornes et leurs membres antérieurs extrêmement réduits ont permis de les différencier de leurs cousins du Nord.

Au Crétacé supérieur, la plupart des prédateurs d'Asie et d'Amérique du Nord appartenaient à la famille des tyrannosauridés. Ailleurs, les carnivores de la fin du Crétacé faisaient partie d'une autre famille de théropodes : les abelisauridés. Leurs restes ont été retrouvés en Amérique du Sud, en Europe, à Madagascar et en Inde.

Les abelisauridés se déplaçaient sur de vigoureuses pattes postérieures et tuaient leurs proies en les serrant dans leurs puissantes mâchoires.

Leurs membres antérieurs étaient incroyablement réduits et n'étaient pas assez longs pour atteindre leur bouche. Ils s'en servaient peut-être pour se relever ou pour agripper les femelles pendant la reproduction.

Tous les membres de cette famille possédaient des cornes ; les mâles s'en servaient probablement pour se battre entre eux, évitant ainsi d'utiliser leurs mâchoires, qui auraient rapidement infligé des blessures mortelles à l'adversaire.

Carnotaurus

"Le taureau carnivore" doit ce nom à ses cornes très développées. Ce prédateur long de 7 m vivait en Argentine il y a 110 millions d'années. Dans le film *Le Monde perdu* de Steven Spielberg (d'après l'œuvre de Michael Crichton), les scénaristes en ont fait une sorte de dinosaure-caméléon qui change de couleur selon les endroits : c'est évidemment une pure invention, car il est très improbable qu'un dinosaure se soit comporté ainsi !

Majungatholus
"Le dôme de Majunga" a été découvert à Madagascar, dans la région de Majunga. Il vivait il y a 70 millions d'années, à la fin du Crétacé. Les chercheurs, qui ont trouvé l'arrière de son crâne, remarquèrent que ses os étaient très épais et le classèrent donc chez les pachycéphalosauridés *(voir p. 136-137)*. En 1999, d'autres paléontologues ont extrait un crâne entier de près de 1 m de long. Ils s'aperçurent alors que *Majungatholus* avait de grandes dents tranchantes : c'était un redoutable prédateur long de 8 à 9 m et pas du tout un paisible pachycéphalosauridé !

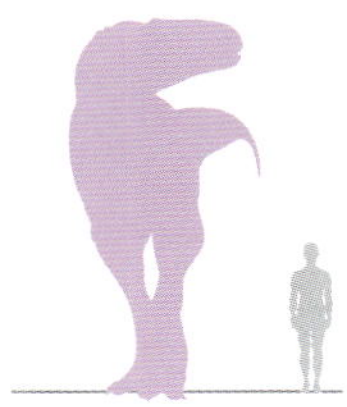

Abelisaurus
"Le lézard d'Abel" (nom de son découvreur) est le premier abelisauridé à avoir été trouvé en 1985. On ne connaît que son crâne, long de près de 90 cm. Il vivait en Argentine à la fin du Crétacé et devait mesurer 9 m de long.

Masiakasaurus
Le plus petit des abelisauridés, long de 1,80 m, vivait à Madagascar à la fin du Crétacé. Ce "lézard violent" (en langue malgache) avait une particularité extraordinaire : ses dents de devant étaient disposées horizontalement en éventail (et non pas verticalement comme chez tout carnivore qui se respecte !). Pourquoi cette disposition bizarre... ? Peut-être pour attraper les insectes dont il se nourrissait !

Les redoutables tyrannosauridés

Les tyrannosauridés furent des dinosaures plus gros que des éléphants avec des dents longues de 20 cm ! Ils furent de terribles prédateurs sévissant en Asie et en Amérique du Nord à la fin du Crétacé (entre 75 et 65 millions d'années). Cette famille comprend quelques-uns des plus grands animaux carnivores qui aient vécu sur terre.

Si certains tyrannosauridés atteignaient 12 m de long, d'autres mesuraient *seulement* 6 à 8 m ! Leur taille imposante leur permettait probablement de s'attaquer à de gros dinosaures herbivores, comme les très nombreux hadrosauridés qui vivaient à la même époque. À cause de leur poids, ces prédateurs étaient sans doute incapables de rattraper à la course des dinosaures plus agiles. Aussi chassaient-ils à l'affût, se jetant sur leurs victimes qui passaient à proximité et les étranglaient à l'aide de leur puissante mâchoire. Les tyrannosauridés possédaient tous un crâne massif pourvu de longues dents coupantes. Si leurs pattes postérieures étaient très puissantes, leurs membres antérieurs étaient minuscules et munis uniquement de deux doigts. Ces "petits bras", trop courts pour porter la nourriture à la bouche, pouvaient leur servir à s'accoupler, à se relever lorsqu'ils étaient à terre, à infliger de graves blessures à des adversaires… ou à être utiles pour découper les proies.

Tarbosaurus
Ce "lézard angoissant" sévissait en Mongolie et en Chine à la fin du Crétacé. Avec ses 8 à 10 m de long, il était un peu plus petit que *Tyrannosaurus* mais lui ressemblait beaucoup. Certains paléontologues pensent même qu'ils étaient tellement proches qu'ils seraient en fait un seul et même dinosaure.

Une crotte peut-elle parler ?

On a découvert un coprolithe (crotte fossilisée) de tyrannosauridé. L'étude des petits fragments d'os qu'il contient montre que les membres de cette famille aimaient se mettre sous la dent de jeunes hadrosauridés, les "dinosaures à bec de canard". Cela prouve aussi que leurs puissantes mâchoires leur permettaient de broyer les os de leurs proies en minuscules fragments.

Chasseurs ou charognards ?

Les paléontologues ont beaucoup disserté pour savoir si les tyrannosauridés étaient des prédateurs (tuant leurs proies) ou des charognards (se nourrissant uniquement de bêtes déjà mortes). Aujourd'hui, la plupart des animaux ne sont pas uniquement charognards (à l'exception des vautours) : si tu observes les lions, hyènes ou guépards, tu constateras qu'ils tuent eux-mêmes leurs proies, mais n'hésitent pas à se délecter de cadavres. On peut supposer que les tyrannosauridés faisaient de même.

Gorgosaurus
Le "lézard redoutable" est un autre tyrannosauridé nord-américain. Il atteignait 8 à 9 m de long pour un poids de 2,5 t et vivait à la fin du Crétacé.

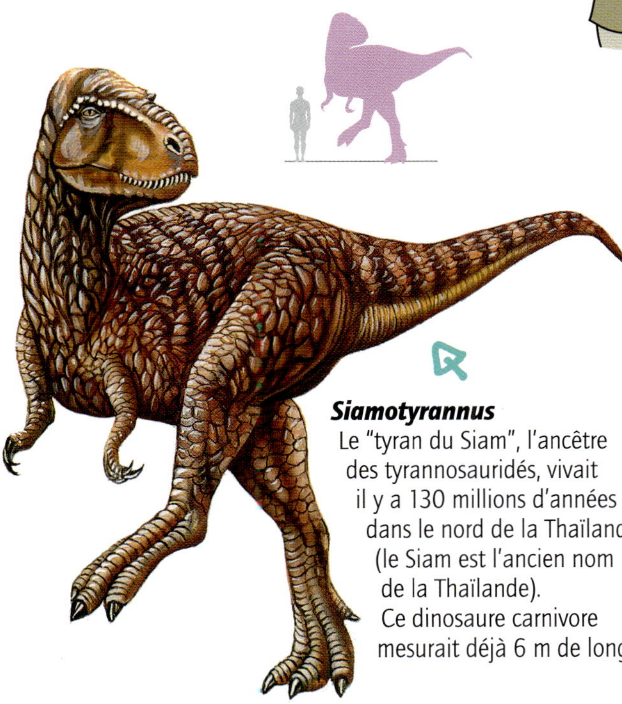

Siamotyrannus
Le "tyran du Siam", l'ancêtre des tyrannosauridés, vivait il y a 130 millions d'années dans le nord de la Thaïlande (le Siam est l'ancien nom de la Thaïlande). Ce dinosaure carnivore mesurait déjà 6 m de long.

Albertosaurus
Le "lézard de l'Alberta" vivait il y a 70 millions d'années dans une province du Canada. Il mesurait 8 à 10 m de long et son museau était plus large que celui des autres représentants de cette famille.

Tyrannosaurus

Tyrannosaurus, plus connu sous le nom de *T. rex*, est sans doute le plus célèbre des dinosaures. Ses 12 m de long, ses 7 tonnes, son crâne de 1,50 m et ses crocs de 20 cm ont contribué à sa popularité. Il fut longtemps le plus gros des dinosaures carnivores connus… avant d'être détrôné à la fin du XXe siècle par des concurrents africains et sud-américains.

Une star américaine

Le premier squelette de *Tyrannosaurus* fut exhumé au début du XXe siècle par le chercheur américain Barnum Brown près de la petite ville de Jordan, au Montana. Depuis, une douzaine de squelettes ont été trouvés aux États-Unis ainsi qu'au Canada… et nulle part ailleurs ! Le plus gros spécimen connu actuellement mesure plus de 12 m de long. Le poids de ce *Tyrannosaurus* est estimé à 8 tonnes environ (presque deux éléphants !). Son énorme crâne est percé de nombreuses ouvertures qui permettaient d'alléger son poids et servaient à l'insertion des puissants muscles de la mâchoire.

Le "Tirex" sans complexe

Tyrannosaurus rex, "le roi des lézards tyrans", est le nom complet de *Tyrannosaurus*. Les paléontologues l'abrègent souvent en *T. rex* : il faut dire "Tirex" car le T, en anglais, se prononce "Ti" !

Le sexe faible plus fort ?

Tous ces squelettes ne sont pas exactement semblables : certains sont plus gros que d'autres ; quelques-uns possèdent de petites protubérances osseuses sur le crâne, tandis que d'autres en sont dépourvus. Ces légères différences ont conduit des chercheurs à penser

Tyrannosaurus attaquant *Parasaurolophus.*

que les squelettes les plus menus étaient ceux des mâles alors que les gros seraient ceux des femelles. Mais tous les paléontologues ne sont bien sûr pas d'accord ! Certains estiment qu'il ne s'agit ni de mâles ni de femelles, mais des représentants de deux espèces différentes. À suivre…

Une question de Q.I.

En ôtant la roche contenue dans la cavité cérébrale d'un crâne de *Tyrannosaurus*, les paléontologues ont pu reconstituer le cerveau du "*T. rex*". Certes, il ne devait pas être très doué pour le calcul… En revanche, les zones du cerveau correspondant à l'odorat, à la vue et à l'ouïe sont extrêmement développées : *Tyrannosaurus* devait avoir une excellente vue, un bon odorat et une ouïe très fine, des qualités indispensables pour un prédateur.

Lorsque *Tyrannosaurus* avalait une énorme bouchée de viande (50 kg en moyenne !), sa gueule pouvait s'ouvrir jusqu'à 1 m de hauteur !

Les yeux en face des trous

Peu d'animaux ont, comme nous, une vision stéréoscopique, c'est-à-dire une perception des reliefs. Pour cela, les deux yeux doivent se situer sur l'avant de la tête. L'arrière du crâne de *Tyrannosaurus* était très élargi par rapport à son étroit museau. Ses yeux n'étaient donc pas situés sur les côtés du crâne, à l'instar des autres dinosaures, mais sur l'avant. Le plus "tyrannique" des prédateurs possédait par conséquent une vue stéréoscopique fort utile pour un chasseur.

Les titanosauridés

Les titanosauridés ont connu un immense succès au Crétacé, où ces grands herbivores peuplèrent tous les continents… sauf l'Antarctique et l'Australie. Le secret de cette réussite : une armure composée de grosses plaques d'os qui recouvrait leur corps.

Les titanosauridés furent les plus gros dinosaures de la fin du Mésozoïque. Ils se distinguaient des autres sauropodes par cette véritable carapace qu'ils possédaient sur le dos, sauf *Argentinosaurus* qui en était dépourvu. Celle-ci était composée de grosses plaques d'os enfoncées dans la peau. Elles étaient jointives et formaient ainsi une sorte d'armure qui protégeait peut-être les jeunes animaux contre les attaques des gros dinosaures carnivores. Ainsi bardés de cette cuirasse, les titanosauridés devaient ressembler un peu à des ankylosaures hauts sur pattes et à long cou, ou encore à de gigantesques tatous difformes.

Argentinosaurus
Il vivait, comme son nom l'indique, en Argentine il y a environ 100 millions d'années. À ce jour, il reste toujours le géant de la famille des titanosauridés et l'un des plus gros dinosaures de tous les temps : 40 m de long, 100 t (le poids de douze à quinze éléphants !) et des fémurs qui pouvaient atteindre 2,40 m !

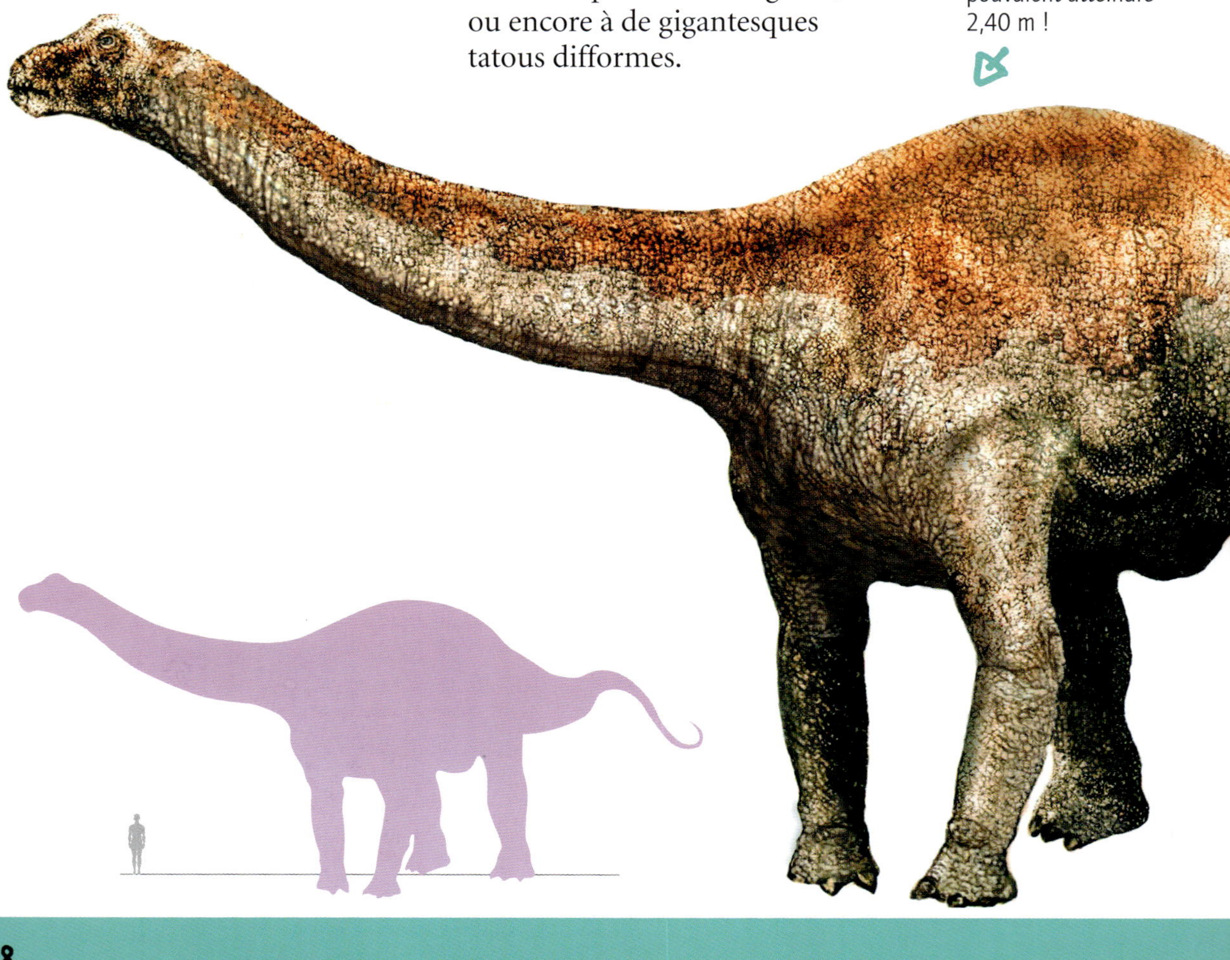

Saltasaurus
Le "lézard de la rivière Salta" (en Argentine) était particulièrement trapu avec ses courtes pattes. Il était un peu le basset des titanosauridés, mais un basset long de 15 m... Il vivait à la fin du Crétacé.

Magyarosaurus
Avec ses 6 m de long, le plus petit des titanosauridés vivait il y a 65 millions d'années en Roumanie. Ses restes sont particulièrement abondants en Transylvanie, le pays de Dracula.

Quel contorsionniste !

On a retrouvé en Argentine des œufs fossilisés contenant des squelettes de bébés titanosauridés. Ils atteignaient une vingtaine de centimètres de diamètre (un peu moins qu'un ballon de football). Lors de l'éclosion, les bébés titanosauridés devaient mesurer entre 80 cm et 1 m de long. Comment un dinosaure de 1 m peut-il bien tenir dans un œuf de 20 cm ? Il suffit de bien le plier ! Le cou était replié sous le corps, ainsi que la queue, ce qui transformait notre animal en une petite boule tenant facilement dans l'œuf. À la naissance, il pesait entre 3 et 5 kg, comme un bébé humain. Vingt ans plus tard, son poids atteignait 10 à 80 t, c'est-à-dire 500 à 1 000 fois plus qu'un être humain au même âge !

Rapetosaurus
Avec ses 9 m de long, ce "petit" titanosauridé vivait à Madagasacar il y a 75 millions d'années. Son nom est emprunté au géant Rapeto, héros d'une légende malgache.

Ampelosaurus

***A**mpelosaurus* fut l'un des derniers géants du Secondaire et le plus grand dinosaure européen de cette époque. Il vécut dans les îles du sud de l'Europe au Crétacé supérieur, où régnait un climat tropical.

Avant la découverte des grosses plaques d'os, on représentait *Ampelosaurus*, dépourvu de ces dernières sur le dos, mais avec une peau recouverte d'écailles, comme la plupart des autres sauropodes.

Un géant européen

Il y a 75 millions d'années, l'Europe était un vaste archipel entouré de mers chaudes et peu profondes. Les plus grandes îles étaient situées sur la Scandinavie, l'Allemagne, la Grande-Bretagne, la France et l'Espagne. Les ossements du titanosauridé *Ampelosaurus* furent retrouvés dans le sud de la France, au milieu des vignes. Le "lézard du vignoble" pouvait atteindre jusqu'à 20 m de long et peser plus de 15 tonnes.

Un sacré goinfre !

À l'instar des autres sauropodes, *Ampelosaurus* était un herbivore et se nourrissait probablement de palmiers, de fougères, de cycas. Ses minuscules dents (comparées à sa taille gigantesque) étaient en forme de petites baguettes et lui permettaient d'arracher les feuilles des arbres, mais non de les mâcher. *Ampelosaurus* se contentait d'avaler toute la journée le plus de feuilles possible !

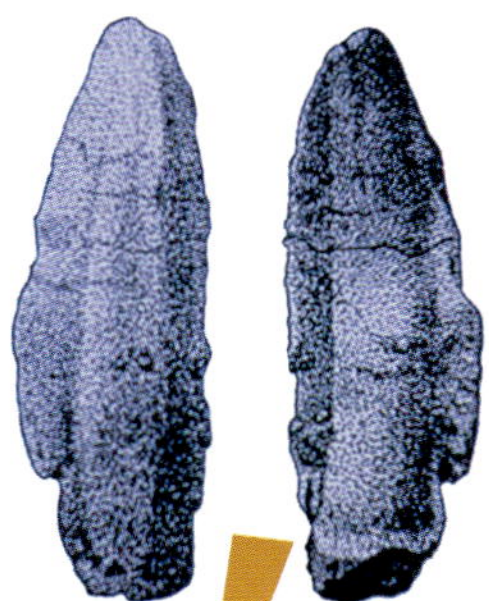

Dents d'*Ampelosaurus.*

Ces ostéodermes mesurent 30 cm de long.

Oh les belles plaques !

Comme tous les titanosauridés, *Ampelosaurus* avait le dos recouvert de grosses plaques d'os appelées ostéodermes. Certaines mesuraient 30 cm de long pour 15 à 20 cm de haut. Même si ces énormes animaux devaient rarement être la proie de prédateurs – grâce à leur taille dissuasive –, ces plaques constituaient néanmoins une carapace de protection efficace. Et si elles ne servaient pas à se protéger, elles pouvaient former une sorte de corset qui les aidait à maintenir leur très longue colonne vertébrale.

Ils sont passés par là...

On a découvert sur une falaise, au sud des Pyrénées, des milliers d'empreintes de pas de titanosauridés (ci-contre). Il s'agit probablement de traces laissées par un troupeau d'*Ampelosaurus*. Ces empreintes sont visibles sur une paroi verticale, mais les gros sauropodes n'ont bien sûr jamais escaladé cette falaise ! Lorsqu'ils y sont passés, aucune montagne n'existait ; ils marchaient dans une grande plaine. Puis, quand les Pyrénées se formèrent il y a 50 millions d'années, l'ancienne plaine s'est nettement redressée. Pour étudier ces fabuleux fossiles, les paléontologues doivent aujourd'hui pratiquer une véritable escalade !

Même les empreintes les plus proches du sol sont difficiles à mesurer sans matériel d'escalade !

On sait maintenant qu'*Ampelosaurus* possédait des ostéodermes, mais on ne connaît toujours pas la façon dont ils étaient disposés, car on les a retrouvés mélangés avec les autres os. Cette reconstitution n'est donc qu'une nouvelle hypothèse.

Un chasseur sachant chercher

Les premiers os d'*Ampelosaurus* ont été découverts... par un chasseur, au début des années 1980. Faute de lapin, le chasseur tomba sur un os... de dinosaure, au milieu des vignes près du village d'Espéraza, dans le sud de la France. Il pensa d'abord qu'il avait trouvé un os de mammouth. Les paléontologues alertés commencèrent à faire des fouilles. Ils exhumèrent tellement d'ossements de dinosaures qu'ils durent créer un musée sur place pour les ranger !

Bambiraptor

Il ne faut pas toujours se fier au nom et à la taille… Malgré ses proportions “microscopiques”, *Bambiraptor* était un redoutable tueur ! Il appartient d’ailleurs à la terrible famille des dromæosauridés. Son squelette, très bien conservé, a été découvert aux États-Unis, dans des roches vieilles de 70 millions d’années.

Petit et hargneux

Bambiraptor mesurait seulement 1 m de long, dont 50 cm rien que pour la queue ! Sa tête de 12 cm était à environ 35 cm du sol. Malgré ses dimensions réduites, *Bambiraptor* était un chasseur redoutable aux griffes puissantes et aux bras allongés. Il courait certainement très vite pour capturer ses petites proies : lézards, serpents, mammifères, et même peut-être des bébés dinosaures à peine sortis de l’œuf. Il devait aussi se nourrir de grenouilles, de salamandres et d’insectes. Ses minuscules dents, tranchantes comme des lames de rasoir, lui permettaient de découper sans difficulté la chair de ses victimes. Bien qu’aucune trace de sa peau n’ait été retrouvée, la plupart des chercheurs pensent qu’il était recouvert de plumes multicolores.

Bambirarissime

Bambiraptor est l’un des plus petits dinosaures connus – même si *Microraptor*, deux fois moins gros, détient le record *(voir p. 102 et p. 168)*. En réalité, les dinosaures de cette taille sont extrêmement rares dans les gisements paléontologiques. Les scientifiques pensent pourtant qu’il devait en exister de nombreuses espèces. Si elles n’ont pas encore été découvertes, c’est parce que leurs os étaient très fragiles et minuscules : le fémur de *Bambiraptor* mesure 12 cm de long seulement. Et ces tout petits os ne se fossilisent pas bien. De plus, lors des fouilles, ils peuvent être aisément détruits, alors que les gros os sont extraits de la roche sans problèmes majeurs.

À chacun son goûter

Les paléontologues américains ont exhumé plusieurs dromæosauridés dans les mêmes couches géologiques de la fin du Crétacé : *Bambiraptor*, *Saurornitholestes*, *Dromæosaurus*. Chacun de ces animaux, aux tailles variées, devait chasser des proies différentes. *Dromæosaurus* et *Saurornitholestes* s'attaquaient plutôt à des dinosaures de taille moyenne, alors que *Bambiraptor* préférait les toutes petites proies. Aujourd'hui aussi, de nombreux prédateurs (comme en Europe, le renard, le loup, la belette ou le lynx) cohabitent dans les mêmes régions sans se concurrencer les uns les autres, car ils se nourrissent de proies différentes.

Au pays de Disney

Tu connais certainement le faon Bambi du célèbre dessin animé de Walt Disney. Le petit animal n'a rien de redoutable, mais c'est lui qui a donné son nom à *Bambiraptor*.
Les chercheurs – surtout les Américains – ont l'habitude d'attribuer un surnom aux squelettes de dinosaures qu'ils découvrent. Ici, c'est un jeune garçon qui tomba sur le fossile et il le baptisa... Bambi. Les paléontologues firent comme lui, et, lorsqu'il fallut lui donner un nom scientifique, ils ne trouvèrent rien de mieux que de conserver ce surnom bizarre... pour un aussi dangereux reptile !

Les faux des thérizinosauridés

Les thérizinosauridés étaient peut-être les dinosaures les plus étranges. Bien qu'ils appartiennent à la grande famille des dinosaures carnivores (les théropodes), ils étaient certainement végétariens. Mais alors à quoi servaient leurs griffes, les plus grosses jamais portées par un animal ?

Les thérizinosauridés étaient des dinosaures particulièrement inhabituels. Ils possédaient des pattes postérieures puissantes, une queue relativement courte, un long cou, une tête minuscule garnie de petites dents en forme de feuilles et… d'énormes bras munis d'immenses griffes. Pourtant, malgré cette apparence redoutable, les chercheurs pensent que les thérizinosauridés étaient de doux herbivores ! En effet, leurs dents ne pouvaient pas découper de la viande. On peut alors s'étonner que de tels animaux soient les descendants de dinosaures carnivores. Pourtant, on observe le même phénomène chez les pandas, également végétariens, dont les ancêtres étaient des sortes d'ours carnivores ! Peut-être les thérizinosauridés se comportaient-ils comme ces pandas, passant des heures à engloutir tranquillement leur moisson de feuilles.

La fourmi et le dinosaure

Pour certains chercheurs, les immenses griffes de *Therizinosaurus* ne servaient pas à cisailler les branches mais à éventrer des fourmilières ou des termitières pour en dévorer leurs habitants. Les paléontologues ont émis cette hypothèse parce que les fourmiliers (mammifères actuels se nourrissant de fourmis) possèdent également d'énormes griffes pour ouvrir les nids d'insectes. Les thérizinosauridés seraient alors les seuls dinosaures entomophages (mangeurs d'insectes) !

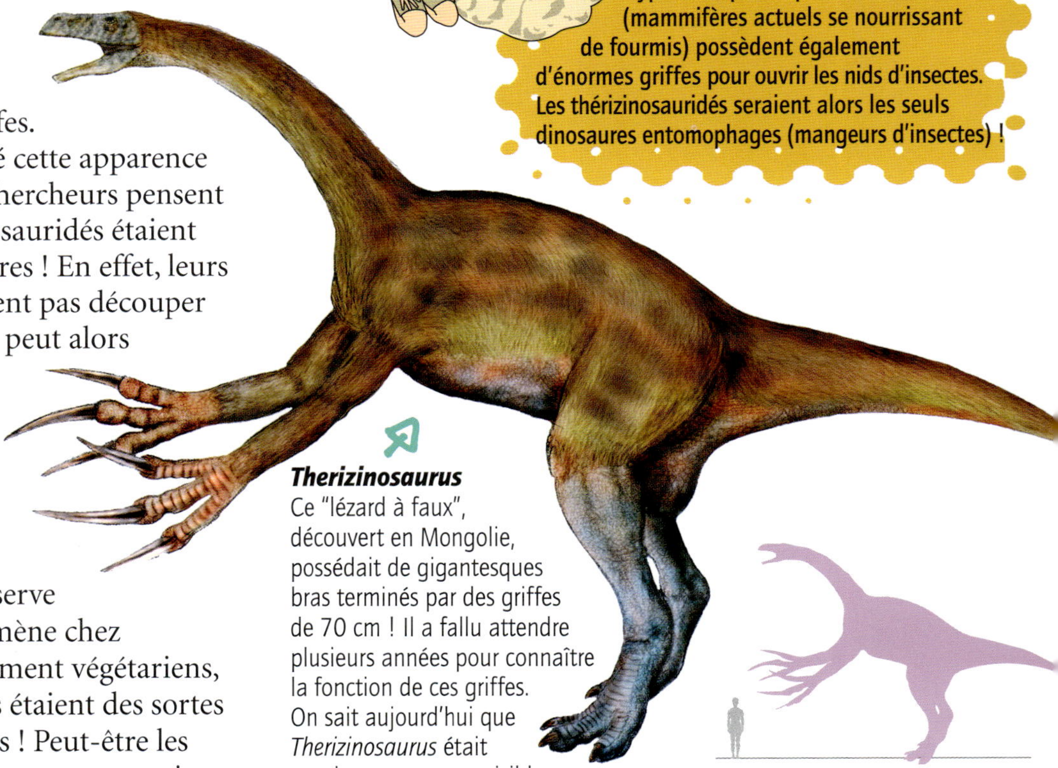

Therizinosaurus
Ce "lézard à faux", découvert en Mongolie, possédait de gigantesques bras terminés par des griffes de 70 cm ! Il a fallu attendre plusieurs années pour connaître la fonction de ces griffes. On sait aujourd'hui que *Therizinosaurus* était un gigantesque et paisible herbivore long de plus de 10 m. Certains spécialistes pensent qu'il utilisait ses énormes faux pour couper des branches avant de s'en nourrir. Dans tous les cas, les prédateurs passaient certainement au large de ces armes mortelles !

Nothronychus

Il est le premier thérizinosauridé découvert hors d'Asie. Il a été décrit en 2001 par des chercheurs américains, qui l'ont extrait des roches du Nouveau-Mexique (États-Unis). Ce dinosaure long de 5 à 6 m avait un grand cou et de puissantes griffes aux mains comme ses cousins asiatiques. Son nom, "la griffe de paresseux", est dû à la ressemblance entre les griffes des thérizinosauridés et celles des paresseux actuels, qui les utilisent pour se déplacer dans les arbres.

Beipiaosaurus

Il a été trouvé en Chine, près de la ville de Beipiao, où il vivait il y a 125 millions d'années. Long de 2 m, il possédait des sortes de filaments sur le corps, qui ressemblent un peu au duvet des oiseaux. On pense que, sur le modèle de *Beipiaosaurus*, tous les thérizinosauridés étaient recouverts de ces "proto-plumes".

Alxasaurus,

Découvert dans le désert d'Alxa en Chine, il est le premier thérizinosauridé relativement complet. Il mesurait près de 5 m de long et vivait il y a 110 millions d'années.

Les ptérosaures : les reptiles volants

Ces contemporains des dinosaures ont dominé le ciel pendant la plus grande partie de l'ère secondaire. Apparus il y a 215 millions d'années, ils ont disparu brusquement en même temps que les "terribles lézards".

Les ptérosaures furent les premiers vertébrés à conquérir le ciel. Ils possédaient une grosse tête qui était parfois plus grande que le reste du corps. Avec leur cerveau bien développé, leur capacité à voler, leur pelage ou leur fourrure, ils ressemblaient plus à des chauves-souris qu'à des oiseaux. D'autant que contrairement aux autres reptiles, les ptérosaures avaient le sang chaud – indispensable pour avoir l'énergie de voler. Si les paléontologues ont admis depuis longtemps que les ptérosaures savaient voler, ils se demandent toujours comment ils se déplaçaient sur le sol. La découverte récente de pistes d'empreintes de pieds et de mains de ptérosaures démontre que ces animaux étaient quadrupèdes… Une chose est sûre : ces reptiles ailés marchaient avec plus d'aisance que ce que nous avons cru pendant longtemps. Les ptérosaures sont divisés en deux groupes. Les rhamphorhynchoïdes, d'une part, qui ont vécu au Jurassique (205 à 135 millions d'années). Ils possédaient une longue queue qui servait de gouvernail et un cou assez court. Et les ptérodactyloïdes, d'autre part, qui vivaient au Crétacé (135 à 65 millions d'années). Plus grands que les précédents, ils ne possédaient pas de queue. Certains avaient une longue crête à l'arrière du crâne.

Eudimorphodon
Âgé de 210 millions d'années (Trias supérieur), il fut l'un des tout premiers ptérosaures découverts. D'une envergure de 1 m environ, il survolait les côtes italiennes. Son crâne était allongé, son cou court et souple ; quant à son tronc, il était trapu et puissant. *Eudimorphodon* possédait des dents très pointues pour attraper sa nourriture : du poisson qu'il devait pêcher à la manière des pélicans.

Os de paille

L'os d'un ptérosaure est facilement identifiable : il est creux comme une paille. Le squelette ainsi allégé facilite amplement le vol. Cela constitue cependant un petit problème car ces os sont extrêmement fragiles et leurs fossiles sont donc très rares. À ce jour, les paléontologues n'ont trouvé que cent trente et une espèces de ptérosaures... Il reste par conséquent encore beaucoup de choses à découvrir sur ce groupe !

Drôles d'oiseaux !

Les ptérosaures sont fréquemment comparés à des chauves-souris ou à des oiseaux. Pourtant il existe quelques différences… L'aile des chauves-souris est une membrane de peau tendue par les quatre doigts de la main. Celle des oiseaux est formée par des plumes allongées. Chez les ptérosaures, l'aile était constituée d'une membrane tendue entre le corps de l'animal et un quatrième doigt démesurément allongé. Les autres doigts terminés par des griffes se situaient en avant de l'aile.

Pterodaustro
"L'aile du sud" (envergure de 1,30 m) vivait en Argentine il y a 130 millions d'années. Il possédait des centaines de dents très fines et allongées à chaque mâchoire. Il s'en servait pour filtrer l'eau et se nourrir des minuscules animaux nageant à la surface. Son mode de vie est comparable à celui des flamants roses aujourd'hui.

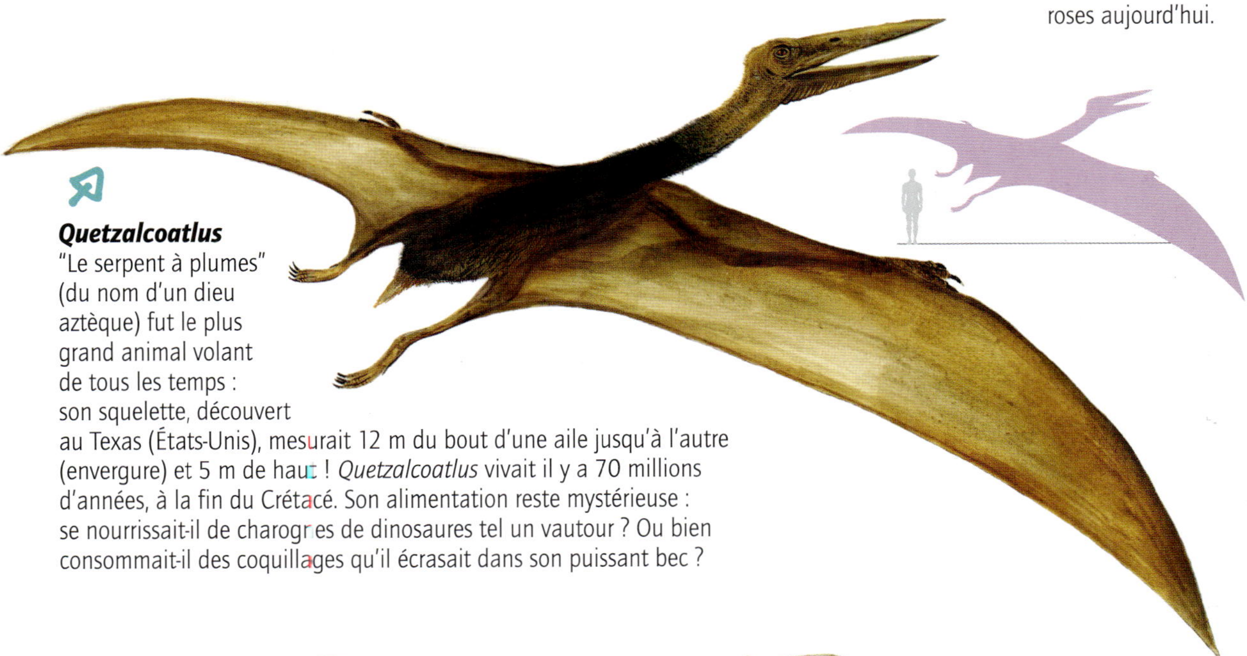

Quetzalcoatlus
"Le serpent à plumes" (du nom d'un dieu aztèque) fut le plus grand animal volant de tous les temps : son squelette, découvert au Texas (États-Unis), mesurait 12 m du bout d'une aile jusqu'à l'autre (envergure) et 5 m de haut ! *Quetzalcoatlus* vivait il y a 70 millions d'années, à la fin du Crétacé. Son alimentation reste mystérieuse : se nourrissait-il de charognes de dinosaures tel un vautour ? Ou bien consommait-il des coquillages qu'il écrasait dans son puissant bec ?

Dimorphodon
D'une envergure de 1,40 m, il fut découvert dans des roches datées du Jurassique inférieur (180 millions d'années) au sud de l'Angleterre. Il ressemblait un peu à *Eudimorphodon*, mais ses dents de devant étaient plus grandes et plus espacées que celles de derrière (d'où son nom "à la double morphologie dentaire" !). Sa tête devait être plus fine que celle des autres ptérosaures.

Champions du monde !

Les dinosaures ont certainement été les plus étranges et les plus fascinants animaux de tous les temps. Poids plume ou poids lourds, hauts comme trois pommes ou atteignant la cime des grands arbres, voici les records de ces créatures fantastiques !

Le carnivore le plus gros

Le plus gros de tous les dinosaures carnivores est actuellement... *Deinocheirus* avec ses 20 m de long (mais était-il vraiment carnivore ?). Le n° 2 est *Spinosaurus* qui pouvait dépasser les 15 m de long ! Viennent ensuite ex æquo *Carcharodontosaurus*, *Giganotosaurus* (14 m) et *Tyrannosaurus* (12 m).

Le plus intelligent

Le cerveau du petit dinosaure carnivore *Troodon* ("dent blessante") avait la taille de celui d'un chat. Un paléontologue américain s'est amusé à imaginer comment cet animal aurait pu évoluer en quelques dizaines de millions d'années. Le résultat : le dinosauroïde !

Le plus long

Les 27 m de l'immense *Diplodocus* ont été détrônés par *Seismosaurus*, qui aurait mesuré entre 35 et 50 m de long ! Mais on n'en connaît actuellement que quelques os *(voir p. 87)*.

Le plus ancien

C'est *Eoraptor*, qui vivait en Argentine il y a 235 millions d'années *(voir p. 60)*.

Le plus lourd
Le grand titanosauridé argentin *Argentinosaurus* aurait pesé entre 80 et 100 tonnes *(voir p. 158)* !

Le plus petit
On imagine souvent les dinosaures immensément grands... *Microraptor* est là pour prouver le contraire : du haut de ses 70 cm, il est le plus petit des dinosaures connus *(voir p. 102)*.

Les plus rapides
Les ornithomimidés *Gallimimus* et *Struthiomimus* atteignaient, à pleine vitesse, plus de 60 km/h *(voir p. 106-107)* !

Les plus lents
Les stégosauridés et les ankylosauridés étaient les plus lents des dinosaures. *Stegosaurus* et *Ankylosaurus* ne pouvaient marcher qu'au pas *(voir p. 78-79 et p. 144-145)*.

La fin des dinosaures

Il y a 65 millions d'années, les dinosaures disparurent brusquement.
Ils laissèrent la place aux survivants de cette grande extinction, les mammifères. Mais les dinosaures ne furent pas les seuls à s'éteindre... Dans les océans et dans les airs, la plupart des reptiles de l'ère secondaire moururent sans descendance.

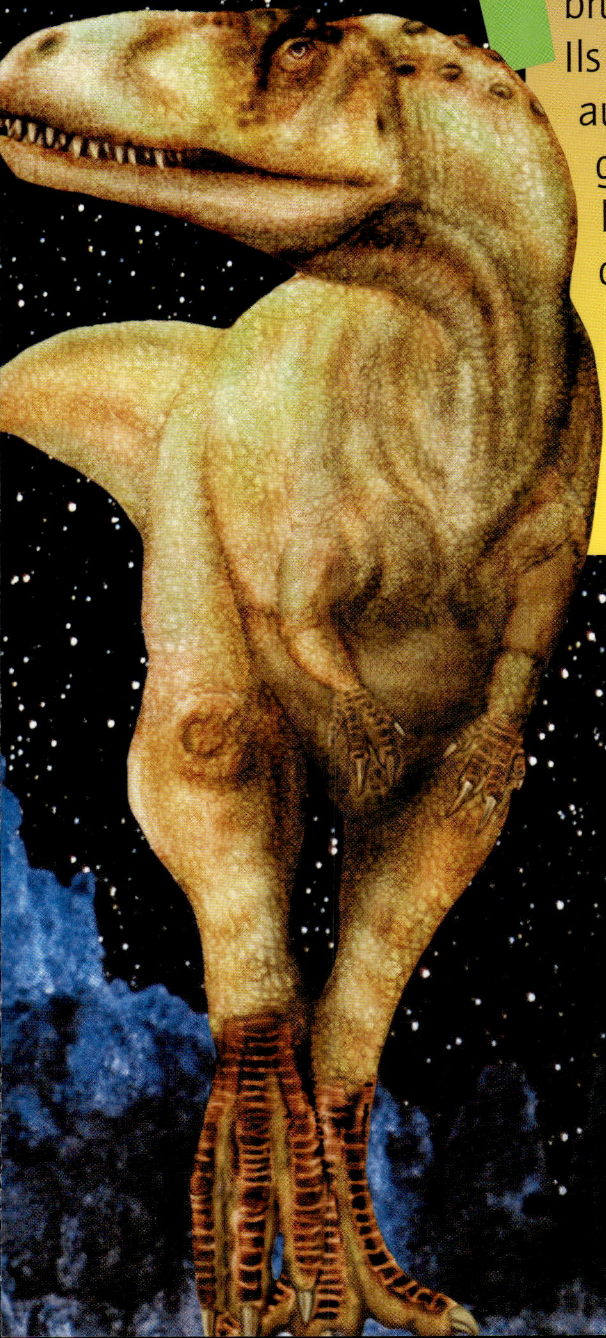

La disparition des dinosaures

La limite entre les ères secondaire et tertiaire correspond à un événement essentiel dans l'histoire de la Terre. À cette époque, les trois-quarts des animaux terrestres et marins ont disparu de la planète. Depuis de nombreuses années, les paléontologues cherchent à comprendre ce qui s'est passé. Aujourd'hui, ils sont convaincus que les dinosaures et leurs contemporains sont morts à cause d'une météorite.

Un scénario catastrophe

Il y a 65 millions d'années, un objet extraterrestre (une météorite) de plus de 10 km de diamètre vint heurter la Terre.
En s'écrasant violemment sur le sol, cet astéroïde souleva dans l'atmosphère un immense nuage de poussière.
Le ciel s'assombrit et les rayons du soleil ne purent plus atteindre le sol plusieurs mois durant. La surface du globe fut plongée dans l'obscurité.
Faute de lumière et de chaleur ①, les plantes terrestres s'éteignirent peu à peu ②. Les dinosaures et autres animaux herbivores, privés de nourriture, sont rapidement morts de faim ③.
La "viande" fraîche se faisant de plus en plus rare, les carnivores dépérirent à leur tour ④.
En quelques semaines seulement, tous les dinosaures avaient disparu ⑤ après 170 millions d'années de règne…

Une hécatombe

Les dinosaures ne furent pas les seuls à s'éteindre. Un nombre impressionnant d'animaux disparurent également. Dans les océans, les grands reptiles furent touchés, ainsi que les ammonites et les bélemnites, mais aussi la majorité des minuscules organismes formant le plancton marin. Dans les airs, les reptiles volants, les ptérosaures, se "volatilisèrent" en même temps que la plupart des mammifères, des oiseaux et des insectes herbivores.

Serial killer

Qui est responsable de cet immense cataclysme ? Que le coupable fasse un pas en avant… Pas si simple en réalité ! Heureusement, plusieurs indices ont aidé les scientifiques à le démasquer. Dans la couche géologique située exactement à la limite entre le Mésozoïque (ère secondaire) et le Cénozoïque (ère tertiaire), les chercheurs ont repéré de l'iridium. Ce métal, extrêmement rare dans l'écorce terrestre, reste très abondant dans les météorites. Une autre preuve fut la découverte, en 1991, d'un gigantesque cratère de 200 km de diamètre dans la province du Yucatan (Mexique). L'hypothèse de la chute d'un astéroïde est donc confirmée.

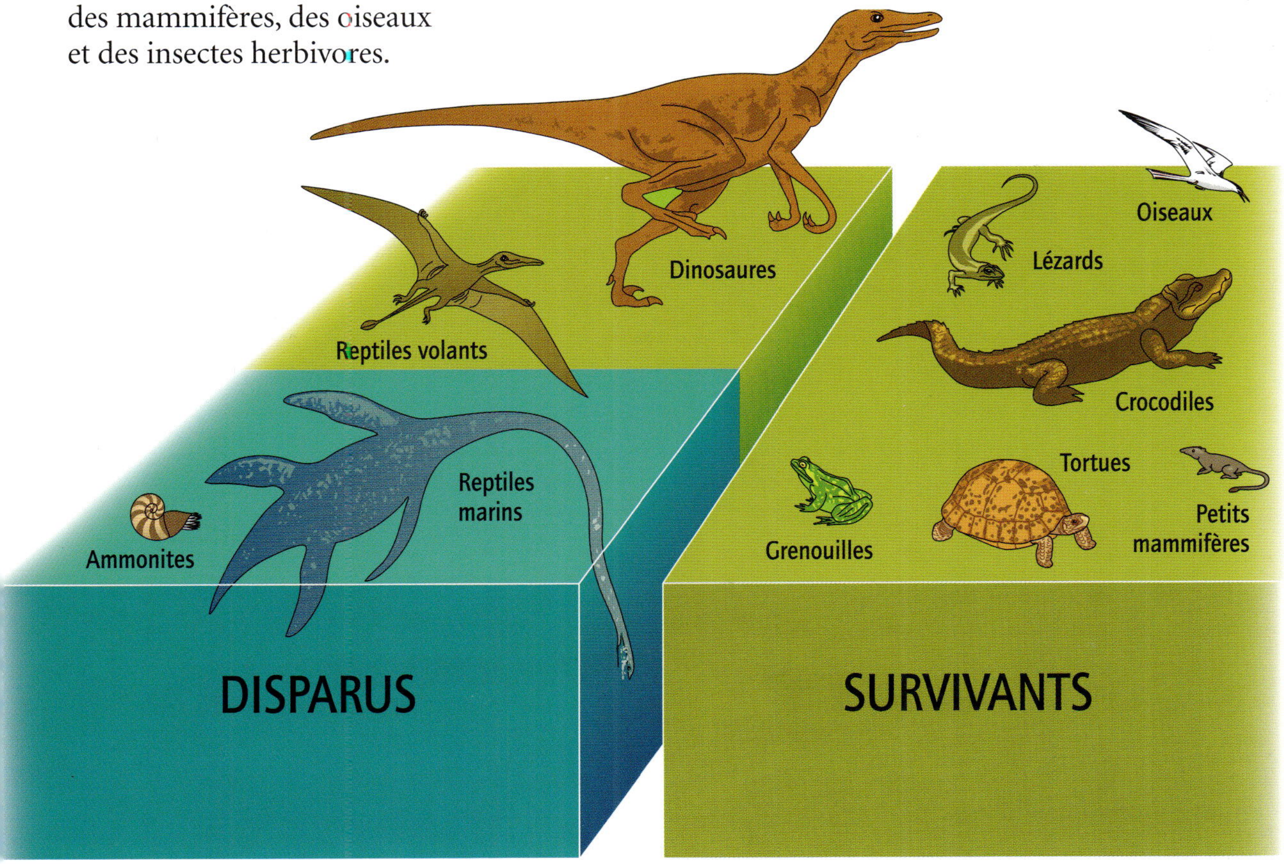

Les survivants

Certains petits animaux, qui n'avaient pas besoin de végétaux pour se nourrir, survécurent à la catastrophe. Parmi eux figuraient les grenouilles, salamandres, poissons d'eau douce, tortues et crocodiles. Toutes ces espèces vivaient dans les rivières et les lacs, des milieux qui furent moins affectés par la longue période d'obscurité.

Autres théories et canulars

Aujourd'hui, les paléontologues savent pourquoi les dinosaures ont disparu.

Mais avant la découverte du cratère formé par la chute de la météorite, ils ont énoncé plusieurs hypothèses pour tenter d'expliquer cette extinction.

Certaines sont très sérieuses, d'autres, au contraire, sont dignes de figurer dans le grand bêtisier du XXe siècle !

Théories sérieuses...

De fantastiques éruptions volcaniques ont tué les dinosaures. Une explication sérieuse lorsque l'on sait qu'il y eut de gigantesques volcans en Inde à cette époque. La poussière et surtout les gaz toxiques envoyés dans l'atmosphère auraient peut-être entraîné des modifications du climat… et la mort de nombreux animaux.

... moins vraisemblables...

Le niveau des océans aurait baissé brutalement, provoquant l'émergence de nouvelles terres. Le climat devenant ainsi plus continental avec des saisons très marquées, les dinosaures n'auraient pu résister à des températures trop chaudes ou trop froides…

... totalement ridicules !

Les hypothèses suivantes sont très farfelues, car elles sont invérifiables et surtout parce qu'elles n'expliquent QUE la disparition des dinosaures, et non celle de tous les autres animaux marins et terrestres. Ces théories n'ont donc aucune valeur scientifique.

• Les dinosaures ont mangé des fleurs empoisonnées et ils en sont morts.
• Les dinosaures sont devenus fous et se sont suicidés.
• De petits mammifères ont mangé tous les œufs des dinosaures.
• La composition de l'atmosphère s'est brutalement modifiée, et les dinosaures sont morts asphyxiés.

• Une augmentation de la température sur terre a rendu les dinosaures stériles.
• De nouveaux insectes sont apparus et ont englouti toute la végétation indispensable aux dinosaures.
• Une épidémie a tué tous les dinosaures.
• La gravité de la Terre a changé, et les dinosaures, trop lourds, ne pouvaient plus se déplacer.

À oublier tout de suite !

• Les Martiens ont trouvé les dinosaures très laids et ils les ont tous tués.

• Les flatulences des dinosaures herbivores ont dégagé tellement de méthane qu'il y eut un effet de serre qui asphyxia les dinosaures.
• Un mauvais fonctionnement de la thyroïde a entraîné un gigantisme des dinosaures. Ils étaient tellement gros qu'ils en sont morts.

• Les dinosaures étaient trop gros pour monter dans l'arche de Noé.

• Les dinosaures ont produit une telle quantité d'excréments que cela a provoqué un changement de végétation. Les nouvelles plantes ne plurent pas aux animaux qui se laissèrent mourir de faim !

Les spectaculaires cornes d'*Arsinotherium*.

Un autre monde

L'extinction des dinosaures marqua la fin de l'ère secondaire. Après plusieurs mois d'obscurité, la poussière atmosphérique se dissipa. La lumière du soleil parvint à nouveau à la surface de la Terre. L'ère tertiaire pouvait commencer…

Dégâts irrémédiables

Au début de l'ère tertiaire, il y a 65 millions d'années, notre planète était dévastée. Aucun animal de plus de 25 kg n'avait survécu à l'impact de la météorite… Pendant plusieurs millions d'années, des petits mammifères insectivores, remplaçant peu à peu les dinosaures, se sont répandus sur l'ensemble des continents. Leurs descendants sont devenus herbivores pour certains, carnivores pour d'autres : c'est ainsi que les ancêtres des éléphants, des primates ou des baleines, de taille encore modeste, sont apparus. Dix millions d'années après le cataclysme, les plus grands mammifères (de lourds herbivores comme le pantodonte *Titanoides*) pesaient une tonne et cohabitaient avec d'énormes oiseaux incapables de voler.

Le règne des mammifères

Entre 55 et 33 millions d'années (Éocène), toutes sortes de mammifères extraordinaires ont fait leur apparition. Les ancêtres des baleines se sont adaptés à la vie marine et jouaient alors dans les océans le rôle des grands reptiles de l'ère secondaire. Sur les continents, trottaient de minuscules chevaux à trois doigts, lointains ascendants de nos chevaux actuels, ainsi que d'étranges créatures au crâne bosselé garni de plusieurs paires de cornes : les uintathères, de paisibles herbivores, qui disparaîtront sans descendance.

(1) *Moeritherium*
(2) *Titanoides*
(3) *Uintatherium*
(4) *Arsinotherium*
(5) *Hyracotherium*
(6) *Indricotherium*
(7) *Aegyptopithecus*

Les ancêtres des éléphants évoluaient en Afrique : *Moeritherium*, un animal court sur pattes, vivait sans doute à la manière des hippopotames dans les lacs et les rivières. À la fin de cette période, de nombreux animaux européens se sont éteints et furent remplacés par des migrants venus d'Asie. Ces derniers auront une place importante dans le règne animal : les premiers rongeurs, les rhinocéros et les carnivores.

De plus en plus nombreux

Durant l'Oligocène (de 33 à 23 millions d'années), les mammifères ont continué de se multiplier. Ce fut sans doute lors de cette période qu'ils ont atteint une diversité maximale. Le plus gros mammifère de tous les temps vivait alors en Asie : *Indricotherium* était un gigantesque rhinocéros dépourvu de cornes. Il mesurait 8 m de long et 5 m de haut pour un poids d'une quinzaine de tonnes. *Arsinotherium*, une étrange créature découverte en Égypte, avait la taille d'un rhinocéros actuel et possédait une paire d'énormes cornes triangulaires. Ces animaux ont disparu sans descendance. Ce fut aussi au début de l'Oligocène que les singes se sont diversifiés : *Aegyptopithecus* fut l'un des premiers grands singes.

L'habit ne fait pas le moine !

Ce n'est pas parce que l'on est un oiseau aux proportions gigantesques (près de 3 m de haut !) que l'on sait voler... Et ce n'est pas parce que l'on est doté d'un bec menaçant que l'on est méchant... Ainsi *Gastornis* et ses congénères étaient de paisibles herbivores qui peuplaient l'Europe et l'Amérique du Nord durant l'Éocène.

Suite et fin... ?

La fin de l'ère tertiaire, il y a 2 millions d'années, annonça le début du déclin des mammifères.
L'une des causes fut l'apparition d'un terrible prédateur, auprès duquel *Tyrannosaurus* et *Carcharodontosaurus* font figure d'aimables plaisantins. Son nom : *Homo sapiens*.

L'arrivée de nos ancêtres

De nombreux grands singes existaient en Afrique il y a 5 millions d'années. Parmi eux, les australopithèques, dont certains auraient donné naissance au genre humain, nos lointains aïeux.
À l'aube de l'ère quaternaire il y a 2 millions d'années, l'un des grands primates africains se serait redressé et se serait mis à parler : *Homo habilis* (Homme habile), un ancêtre d'*Homo sapiens*, notre propre espèce (appelée curieusement Homme sage...).

Refroidissement sur toute la planète

Des changements climatiques considérables, les grandes glaciations, ont marqué l'ère quaternaire. À plusieurs reprises, la calotte glaciaire s'est élargie et a recouvert une bonne partie de l'Europe et de l'Amérique du Nord. Les glaciers des Alpes s'étendaient jusqu'à Lyon. Des mammouths, des rhinocéros laineux et des cerfs géants peuplaient l'Europe.
En Australie, de gigantesques marsupiaux proliféraient tels les diprotodontes, longs de 3 m.
En Amérique vivaient les terribles tigres à dents de sabre, les smilodons.

Naissance d'un grand continent

À cette époque, les deux Amériques sont entrées en contact, entraînant ainsi des échanges entre les deux continents.
Quelques animaux du sud ont réussi à s'implanter au nord : porcs-épics et glyptodontes – disparus depuis –, sortes de tatous énormes de 2 m de long et munis d'une carapace ossifiée.
Dans l'autre sens, du nord vers le sud, ont migré les chameaux (représentés actuellement par les lamas), les ancêtres des chevaux et des carnivores comme les smilodons.
Mais de nombreuses autres espèces ont disparu, victimes de la concurrence des migrants.

1 Diprotodonte
2 Glyptodonte
3 Smilodon
4 Rhinocéros laineux
5 Cerf géant
6 Mammouth

Une nouvelle catastrophe

Le dernier événement majeur de l'histoire de la vie a eu lieu voici 10 000 ans environ.
Sur tous les continents, la plupart des grands animaux se sont éteints…
Est-ce dû au réchauffement planétaire intervenu à cette époque ?
Est-ce la faute de l'homme qui a chassé ces espèces jusqu'à leur disparition ?… Dans tous les cas, cette extinction se poursuit encore aujourd'hui par notre faute.
Les pollutions en tout genre, la destruction des forêts tropicales entraînent la disparition d'innombrables espèces animales et végétales. Nos descendants vivront-ils sur une terre déserte ?

Les dinosaures imaginaires

Soixante-cinq millions d'années après la disparition des dinosaures, certaines personnes entreprennent des expéditions pour retrouver ces créatures vivantes quelque part, au fin fond d'une forêt tropicale ou dans les profondeurs d'un lac des Highlands !

Le monstre du loch Ness

"Nessie" (petit nom donné par les Écossais) est le plus célèbre des animaux imaginaires. Le fameux monstre du loch Ness a même reçu une très sérieuse appellation scientifique : *Nessiteras rhombopteryx*, "animal du Ness à la nageoire en losange" ! Des milliers de témoins prétendent avoir vu un grand reptile aux allures de *Brontosaurus*. Hélas, trois fois hélas, ce monstre n'existe certainement que dans leur imagination. Personne n'a d'ailleurs jamais pu photographier ou filmer la mystérieuse créature.

Nessie est le meilleur atout du syndicat d'initiatives pour attirer les touristes dans ce coin perdu d'Écosse !

Prise en 1934 par le médecin Robert Wilson, cette photo se révéla être... un parfait montage !

Le mokele-mbêmbe

Depuis le début du XXe siècle, des explorateurs se sont aventurés au cœur de la jungle congolaise dans le seul et unique but de capturer un dinosaure vivant ! À l'époque, des Européens affirmaient avoir entendu des Africains décrire des animaux fantastiques paressant au fond d'un marécage inaccessible : les bêtes auraient eu la taille d'un éléphant, un long cou très flexible, une immense queue musclée… le portrait tout craché d'un sauropode ! Tous ceux qui y ont cru ou voulu y croire s'enfoncèrent dans la forêt marécageuse munis d'appareils photos, de caméras, ou… de fusils gros calibres en fonction de leurs intentions. Est-il besoin de préciser qu'aucun cliché et bien sûr aucun cadavre de mokele-mbêmbe ne sortirent jamais de la jungle ?

Varan de Komodo.

On raconte que le mokele-mbêmbe ressemblerait à un sauropode (les plus grands animaux de tous les temps). Dans tous les cas, les 65 millions d'années qu'il a passées caché dans un marécage ont considérablement diminué ses proportions !

Les arrière-arrière-arrière-petits-cousins…

Quant aux vrais grands reptiles d'aujourd'hui, ils ne sont que les lointains parents des dinosaures. Les varans géants de l'île de Komodo en Indonésie, qui atteignent 3 m de long et qui tuent à l'occasion des hommes, ne sont que les cousins de nos petits lézards. C'est aussi le cas pour les gros serpents, comme les pythons et les anacondas. Les plus proches parents reptiliens des dinosaures encore vivants sont bien sûr les crocodiles.

Le dinotruche

Après ce que tu viens de lire, tu te dis qu'il n'existe définitivement plus de dinosaures vivants ? Eh bien si ! Regarde dans les basses-cours, sur les branches des arbres, au bord des fenêtres… Depuis 65 millions d'années, les oiseaux sont les derniers des dinosaures ! Et il en existe plus de 9 000 espèces. De nos jours, le plus gros dinosaure en vie est donc… l'autruche !

Les dinosaures au cinéma et dans les livres

Créatures féroces (ou douces comme l'agneau !), gigantesques et disparues, les dinosaures fascinent les hommes depuis très longtemps. Avant d'être des héros de cinéma et de devenir presque "réels", ils inspirèrent nombre d'écrivains qui imaginèrent des scénarios à faire frémir les plus téméraires d'entre nous !

Les dino-muses des écrivains

Le romancier anglais, Arthur Conan Doyle (1859-1930) mondialement connu grâce à son fameux détective, Sherlock Holmes, est l'auteur du *Monde perdu* (publié en 1912), une histoire fantastique où des scientifiques découvrent des dinosaures vivants en Amazonie… Le héros du livre, le professeur Challenger, a depuis donné son nom à un dinosaure exhumé au Brésil : le spinosauridé *Irritator challengeri* ! Dans *Voyage au centre de la Terre* de Jules Verne (1828-1905), les protagonistes vont assister à la lutte mortelle entre un ichthyosaure et un plésiosaure. L'écrivain français, Maurice Renard (1875-1939), a écrit une nouvelle en 1920 dans laquelle ses personnages trouvent des œufs d'*Iguanodon* et de *Megalosaurus* dans une caverne. Hélas, les œufs vont éclore… Quant à l'Américain Michael Crichton, il a imaginé les univers angoissants de *Jurassic Park* et du *Monde perdu* (sans rapport avec celui de Doyle), œuvres adaptées au cinéma par Steven Spielberg dans les années 1990.

Le monde perdu, version 1925.

Plus vrais au cinéma

Dans la première version du *Monde perdu* en 1925, les dinosaures étaient des créatures d'argile ou de caoutchouc ; dans la deuxième version d'Irwin Allen (1960), ils étaient d'authentiques reptiles "maquillés" en monstre : on affublait des lézards et des caméléons de colliers à pointe ou de crêtes que l'on filmait en gros plans ! Si ces effets sont dépassés aujourd'hui, ils étaient fort impressionnants à l'époque…
À partir de 1993, les images de synthèse vont donner des représentations très réalistes de dinosaures. Les différents épisodes de *Jurassic Park* sont basés sur la reconstitution, par des généticiens, de dinosaures vivants, à partir du sang de ces animaux retrouvé dans des insectes conservés dans de l'ambre. Les biologistes réussissent alors à recréer de vrais dinosaures… Idée passionnante mais fantaisiste car l'ADN ne survit absolument pas à la fossilisation.
Le dessin animé n'est pas en reste non plus puisque le premier film d'animation sur les dinosaures date de 1914. Gertie le dinosaure, héros de cette fiction, est un gentil sauropode. L'Aladar de Walt Disney dans *Dinosaures* (2000), le petit *Iguanodon*, a donc de lointains prédécesseurs !

Le monde perdu, version 1960.

La terre des dinosaures

Plus récemment, les dinosaures ont quitté le domaine de la fiction, et l'invraisemblable cohabitation avec des hommes, pour entrer dans le documentaire animalier. La télévision britannique a utilisé les nouvelles possibilités des images de synthèse pour recréer des dinosaures plus vrais que nature qui naissent, vivent et meurent sous nos yeux ! Il ne faut cependant pas oublier que ce sont des images créées par l'homme, et que, contrairement à ce que de tels films laissent supposer, nous savons encore bien peu de choses sur l'apparence et la vie de ces animaux fabuleux !

Jurassic Park de Steven Spielberg, 1993.

Aladar, l'*Iguanodon* de Walt Disney.

Des dinosaures en os et en images

Voici les principaux musées du monde où sont exposés des squelettes de dinosaures… En attendant d'aller admirer ces magnifiques collections, tu peux d'ores et déjà les visiter virtuellement grâce à Internet !

Les musées en Europe

■ **En France**

- *Musée des dinosaures d'Espéraza* (Aude) : une belle collection de dinosaures découverts dans le sud de la France, mais aussi des spécimens du monde entier.
- *Muséum national d'histoire naturelle de Paris* : de nombreux moulages de dinosaures provenant de toutes les régions du monde et quelques "lézards" français.
- *Muséum d'histoire naturelle d'Aix-en-Provence* (Bouches-du-Rhône).
- *Muséum d'histoire naturelle du Havre* (Seine-Maritime).

■ **Au Royaume-Uni**

- *Muséum national d'histoire naturelle de Londres* : l'une des plus importantes collections d'Europe exposant des espèces du monde entier.
- *Muséum de l'Université d'Oxford* : les restes de *Megalosaurus*, le premier dinosaure à avoir été décrit scientifiquement se trouve ici.

■ **En Allemagne**

- *Muséum national d'histoire naturelle de Berlin* : les dinosaures trouvés à Tendaguru (Afrique), dont le plus grand squelette exposé au monde, *Brachiosaurus* !
- Et aussi les *Muséum Senckenberg* à Francfort-sur-le-Main et Stuttgart, ainsi que le *Musée bavarois de paléontologie* à Munich.

■ **En Belgique**

- *Institut royal des sciences naturelles de Belgique* à Bruxelles.

■ **En Espagne**

- *Dinopolis* à Teruel. Et aussi le *Muséum d'histoire naturelle de Vitoria* (Alava) et le *Musée de Salas de los Infantes* (Burgos).

■ **En Suisse**

- *Musée d'histoire naturelle de Bâle.*

■ **Au Portugal**

- *Musée du service géologique* à Lisbonne.

■ **En Pologne**

- Le *Musée de l'évolution* à Varsovie présente de nombreux dinosaures provenant du désert de Gobi.

■ **En Russie**

- Le *Musée de l'institut de paléontologie* à Moscou expose essentiellement des dinosaures d'Asie centrale.

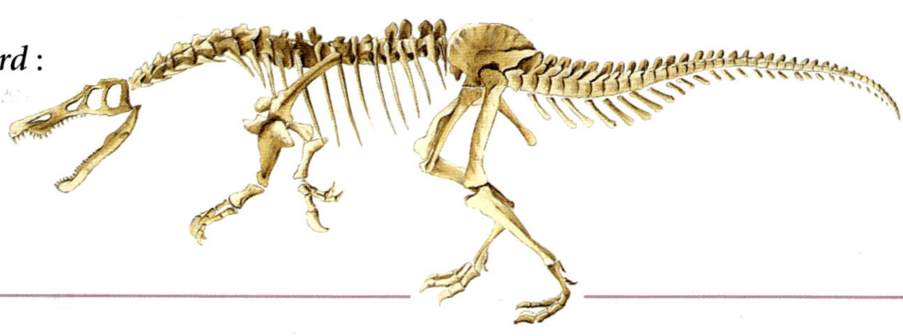

Un peu plus loin…

■ Au Maroc

- *Musée du service géologique* à Rabat.

■ Au Niger

- *Musée national du Niger* à Niamey.

■ Au Canada

- *Royal Tyrrell Museum of Paleontology* à Drumheller (Alberta) : l'une des plus importantes expositions permanentes du monde.
- Et aussi : *Royal Ontario Museum* à Toronto et le *Musée canadien de la nature* à Ottawa, tous deux dans l'Ontario.

■ Aux États-Unis

- *Muséum américain d'histoire naturelle de New York* : l'une des plus grandes collections de dinosaures au monde avec des spécimens provenant des riches gisements américains mais aussi d'Asie centrale.
- Et aussi : *Smithsonian Institution* à Washington ; *Dinosaur National Monument* à Vernal (Utah) ; *Field Museum of Natural History* à Chicago (Illinois) ; *Carnegie Museum* à Pittsburgh (Pennsylvanie) ; *Peabody Museum* à New Haven (Connecticut).

■ En Argentine

- *Muséum national d'histoire naturelle de Buenos Aires* et celui de *La Plata*.

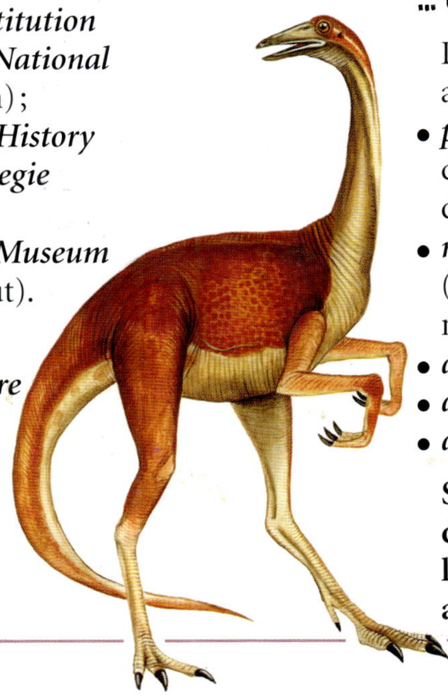

■ En Thaïlande

- *Musée des dinosaures de Phu Kum Kao* (province de Kalasin) : un musée où l'on voit des squelettes de sauropodes dans leur gisement…

■ En Chine

- *Musée de l'institut de paléontologie des vertébrés* et le *Muséum national d'histoire naturelle de Beijing* (Pékin) ; *Musée des dinosaures de Zigong* (Sichuan).

■ En Mongolie

- *Musée national d'Oulan Bator.*

Les sites Internet en français…

- *dinosauria.org* (site du Musée des dinosaures d'Espéraza).
- *lescale.net* (pour tester ses connaissances sur les dinosaures).
- *dinonews.net*

… et en anglais

Des sites incontournables avec TOUS les dinosaures :

- *piclib.nhm.ac.uk/piclib*(site du Muséum d'histoire naturelle de Londres).
- *research.amnh.org/vertpaleo* (site du Muséum d'histoire naturelle de New York).
- *dinosauricon.com*
- *dinodata.net*
- *dinosauria.com*

Sans oublier que la plupart des musées présentés ici ont leur propre site auquel tu peux accéder sans difficulté.

Index

Crédits iconographiques

Couverture :
1re de couverture : F. Tempesta.
Titraille : A. Riva.
4e de couverture : hg : L. Meschini ; mg : D. Sanzi ;
b : F. Tempesta ; md : F. Tempesta.
Pictos : voir ci-dessous.

Les dessins de Junior ont été réalisés par KILLIWATCH/Christian Maréchal.
Toutes les silhouettes des proportions homme/dinosaure ainsi que les pictos ont été créés par le studio Domino/Valérie Klein.

p. 3 : D. Sanzi (reprise) - p. 5 : M. Fontaine (reprise) - p. 6-7 : J.M. Joly/CIEL ET ESPACE - p. 8-9 : L. Blondel - p. 10-11 : R. Sinier - p. 12 hd : Aktinson/Auscape/PHONE ; m : Serrette/Muséum national d'histoire naturelle, Paris - p. 13 b : G.P. Faleschini - p. 14 hd : Carré/PHONE ; b : G.P. Faleschini - p. 15 hd : G.P. Faleschini ; b : D.R. - p. 16-17 : F. Tempesta - p. 18-19 : Muséum américain d'histoire naturelle, New York - p. 20 hd : Bibliothèque nationale de France ; g et m : P.E. Dequest - p. 21 hd : Bibliothèque nationale de France ; b : E. Buffetaux - p. 22 hg et m : D.R. ; d et bg : Muséum américain d'histoire naturelle, New York - p. 23 : Institut royal des sciences naturelles de Belgique - p. 24 hd : E. Buffetaux ; bg : Muséum national d'histoire naturelle, Londres - p 25 : Institut royal des sciences naturelles de Belgique - p. 26-27 : D.R. - p. 28-29 : L. Schlosser (carte) et Domino (silhouettes) - p. 30 hg : J. Le Lœuff ; b : M. Fontaine - p. 31 : J. Le Lœuff - p. 32-33 : J. Le Lœuff - p. 34 : J. Le Lœuff - p. 35 hg : Gohier/PHONE ; bg : R. Sinier ; b et d : J. Le Lœuff - p. 36 hg : J. Le Lœuff ; m et b : F. Tempesta - p. 37 h et m : S. Caleffi ; b : J. Le Lœuff - p. 38 h : F. Tempesta ; m : CINESTAR ; b : J. Le Lœuff - p. 39 h et m : F. Tempesta ; bd : Muséum national d'histoire naturelle, Londres - p. 40-41 : P.E. Dequest (reprise) - p. 42-43 : P.E. Dequest - p. 43 hd : R. Sinier (reprise) - p. 44-45 : F. Tempesta - p. 46 : Domino (schéma) ; b : L. Meschini - p. 47 : L. Meschini - p. 48-49 : L. Meschini - p. 50-51 : Horizon Vision/SUNSET (trame photo) - p. 50 : P.E. Dequest - p. 51 : Domino - p. 52-53 : L. Meschini - p. 54 g : P.E. Dequest ; hd : J. Le Lœuff - p. 55 h et m : J. Le Lœuff ; bd : CINESTAR - p. 56-57 : L. Meschini - p. 57 hd : C. Jégou - p. 58 : J. Le Lœuff - p. 59 h : J. Le Lœuff ; b : P.E. Dequest - p. 60-61 : D. Sanzi - p. 62-63 : C. Jégou - p. 64-65 : P. Robin - p. 66-67 : P.E. Dequest (reprise) - p. 68 hg : R. Sinier (reprise) - p. 68-69 : P.E. Dequest - p 70-71 : F. Tempesta - p. 72-73 : L. Meschini - p. 74-75 : L. Meschini - p. 76-77 : S. Caleffi - p. 78 g : J. Le Lœuff - p. 79 : M. Fontaine - p. 80 : G.P. Faleschini - p. 81 : J. Le Lœuff - p. 82-83 : G. P. Faleschini - p. 83 hd : M. Fontaine/ Muséum national d'histoire d'histoire naturelle, Paris - p. 84-85 : P.E. Dequest - p. 86-87 : M. Fontaine - p. 88-89 h : Muséum national d'histoire naturelle, Londres ; b : P. Robin - p. 89 hd : Stock/SUNSET - p. 90-91 : M. Fontaine - p. 92 hg : Brake/SUNSET ; m : J. Le Lœuff ; b : P.E. Dequest - p. 93 h : Gohier/PHONE ; md : Domino ; b : Butler/S.P.L./COSMOS - p. 94 hg : J. Le Lœuff ; b : F. Tempesta - p. 95 : F. Tempesta - p. 96-97 : P.E. Dequest (reprise) - p. 98-99 : P.E. Dequest - p. 99 bd : R. Sinier (reprise) - p. 100-101 : M. Fontaine - p. 102-103 : D. Sanzi - p. 104-105 : M. Fontaine - p. 106-107 : D. Sanzi - p. 108-109 : G.P. Faleschini - p. 110-111 : M. Fontaine - p. 112 hg : S. Caleffi (reprise) ; bg : P.E. Dequest - p. 112-113 : P. Robin - p. 114 hd : J. Le Lœuff - p. 114-115 : P. Robin - p. 116-117 : P. Robin - p. 118-119 : C. Jégou - p. 120 hd : J. Le Lœuff - p. 120-121 : P. Robin - p. 122-123 : D. Sanzi - p. 124 hg : Psihoyos/Matrix/COSMOS ; m : J. Le Lœuff - p 125 ; L. Meschini - p. 126-127 : P. Robin - p. 128-129 : P.E. Dequest (reprise) - p. 130-131 : P.E. Dequest - p. 131 hd : R. Sinier (reprise) - p. 132-133 : F. Tempesta - p. 134 hd : Muséum national d'histoire naturelle, Londres ; b : P.E. Dequest - p. 135 : P.E. Dequest - p. 136-137 : S. Caleffi - p. 138-139 : G.P. Faleschini - p 140-141 : M. Fontaine -

p. 142 hd : Psihoyos/Matrix/COSMOS - p. 143 : L. Meschini - p. 144-145 : D. Sanzi - p. 146-147 : M. Fontaine - p. 148-149 : G.P. Faleschini - p. 150-151 : M. Fontaine - p. 152-153 : M. Fontaine - p. 154-155 : L. Meschini - p. 156 bg : J. Le Lœuff - p. 156-157 : G.P. Faleschini - p. 157 hd : D. Parker/S.P.L./COSMOS - p. 158-159 : M. Fontaine - p. 160 hd : M. Fontaine ; b : J. Le Lœuff - p. 161 hd : J. Le Lœuff ; b : M. Fontaine - p. 162 hd : A. Riva - p. 163 : G.P. Faleschini - p. 164-165 : M. Fontaine - p. 166-167 : D. Sanzi - p. 168-169 : P.E. Dequest - p. 170-171 : T. & D. Hallas/S.P.L./COSMOS - p. 171 d : M. Fontaine (reprise) - p. 172 hg : J. Baum /S.P.L./COSMOS ; m : Domino - p. 173 : Domino - p. 174 hg : Caméra Hawaii/SUNSET - p. 174-175 : G. Macé - p. 176 hg : Serrette/Muséum national d'histoire naturelle, Paris - p. 176-177 : P. Robin - p. 178 hd : Sirius/SUNSET - p. 178-179 : P. Robin - p. 180 : AGENCE MARTIENNE - p. 181 hd : Mazodier/SUNSET ; m : AGENCE MARTIENNE - p. 182 hd : AGENCE MARTIENNE ; bd : CINESTAR - p. 183 : CINESTAR - p. 184 h et m : D. Sanzi (reprise) ; b : S. Caleffi (reprise) - p. 185 h : D. Sanzi (reprise) ; m : M. Fontaine (reprise) ; mb : P.E. Dequest (reprise) ; b : D. Sanzi (reprise) ; hd : C. Jégou (reprise).